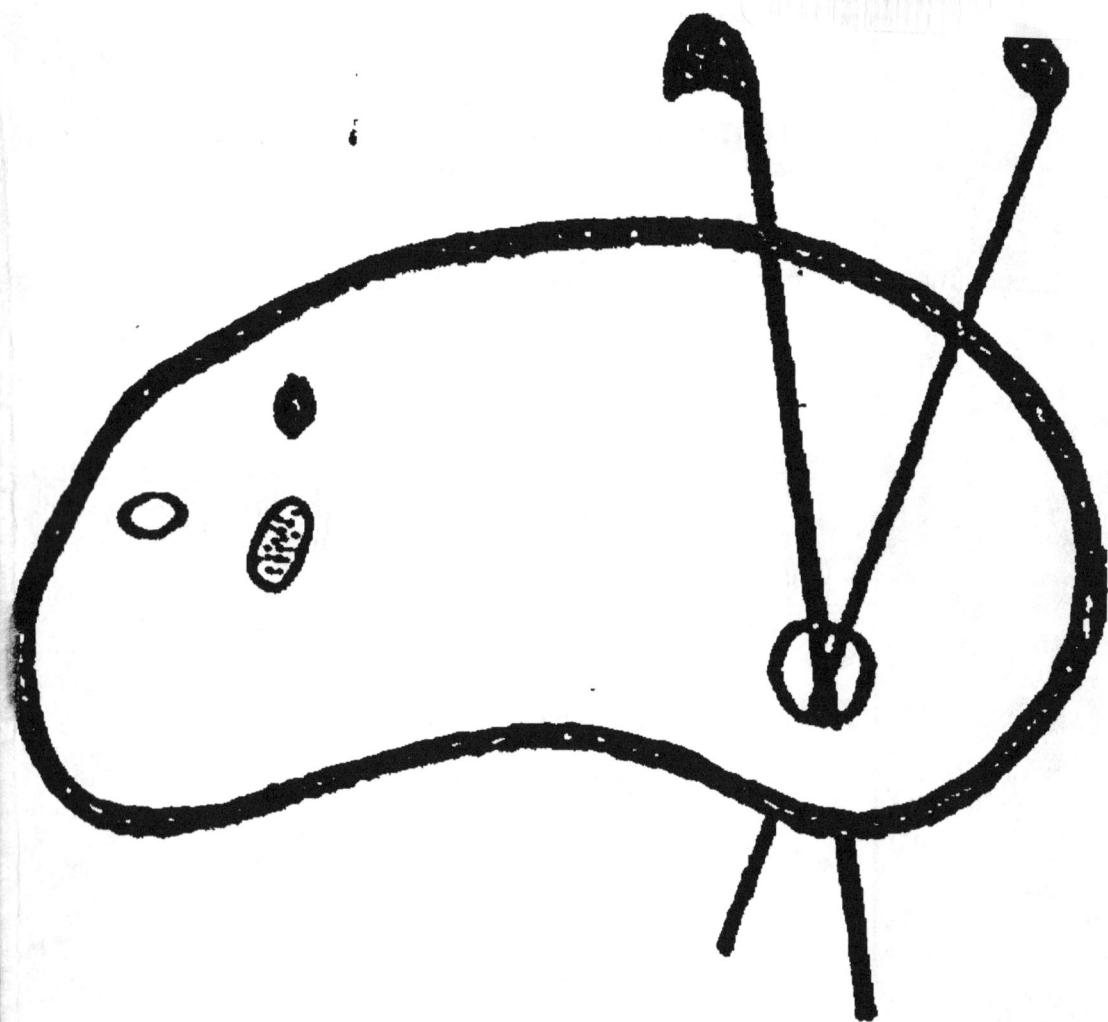

COUVERTURE SUPERIEURE ET INFERIEURE
EN COULEUR

Documents Historiques

SUR LES ORIGINES

DE LA

Révolution Dauphinoise de 1788

Publiés sous les auspices de la Municipalité

A L'OCCASION DES

FÊTES DU CENTENAIRE

MDCCCLXXXVIII

GRENOBLE

IMPRIMERIE BREYNAT ET Cⁱᵉ

8, RUE HECTOR-BERLIOZ, 8

RÉVOLUTION DAUPHINOISE

DE 1788

VILLE DE  GRENOBLE

DOCUMENTS HISTORIQUES

SUR LES ORIGINES

DE LA

RÉVOLUTION DAUPHINOISE

DE 1788

Publiés sous les auspices de la Municipalité

A L'OCCASION DES

FÊTES DU CENTENAIRE

GRENOBLE

IMPRIMERIE BREYNAT ET Cⁱᵉ

8, rue Hector-Berlioz, 8

—

1888

INTRODUCTION

E moment qui aboutit à l'assemblée de Vizille a été, depuis quelques années, si minutieusement et si consciencieusement étudié, des historiens de toutes les écoles et de tous les partis en ont raconté les divers épisodes et noté tous les détails avec un tel souci de ne rien omettre, qu'il serait présomptueux de vouloir refaire après eux ce chapitre préliminaire de l'histoire de la Révolution française.

Cette plaquette, que la municipalité de Grenoble offre en souvenir à ses invités aux Fêtes du Centenaire, a de plus modestes prétentions. Elle se borne à reproduire dans l'ordre chronologique les documents officiels du temps, desquels, aussi bien que du plus savant des commentaires, le lecteur saura dégager les mobiles et les tendances de la Révolution Dauphinoise de 1788.

En protestant contre la suppression du Parlement, dernière digue opposée à l'arbitraire du pouvoir royal, nos pères avaient-ils uniquement pour but de défendre leurs privilèges provinciaux, ou bien comprenaient-ils la nécessité de réformer le système gouvernemental créé par Richelieu et Louis XIV, et de lui substituer une constitution basée sur la liberté politique et l'égalité des citoyens devant la loi ? Les délibérations de la municipalité grenobloise et les doléances de l'Assemblée de Vizille le diront à tout esprit impartial.

Toutefois, avant de céder la parole aux documents et pour en rendre la suite plus intelligible, il ne sera pas inutile de résumer en quelques pages les divers épisodes de cette lutte mémorable.

Le 10 mai 1788 (1), le comte de Clermont-Tonnerre, lieutenant-général, et l'intendant Caze de la Bove procédaient militairement à l'enregistrement des édits qui mutilaient les Parlements, en leur enlevant le droit de vérification, source de leur autorité politique. Après l'accomplissement de cette formalité qui, commencée à neuf heures du matin, ne dura pas moins de vingt et une heures, les magistrats reçurent l'ordre de quitter le Palais, dont les portes furent définitivement fermées. Cette exécution causa dans la ville une profonde sensation, qui s'accrut encore lorsqu'on répandit parmi le peuple les protestations indignées du Parlement, secrètement réuni, et les doléances du Conseil de ville déclarant hautement que la suppression du Parlement, c'était la ruine de Grenoble. Le 25 mai, le procureur général écrivait au comte de Brienne : « Ces nouvelles lois ont excité ici une vive fermentation. La violence qu'on emploie dans cette malheureuse circonstance, loin de calmer les esprits, ne sert qu'à les aigrir. Si le Parlement n'avait pas eu la prudence de ne pas se présenter à la porte du Palais, il paraît certain qu'il y aurait eu une émeute populaire mardi dernier. La consternation est générale de voir l'anéantissement de nos privilèges qui sont une des conditions essentielles de la réunion du Dauphiné à la couronne. Les officiers municipaux de Grenoble en réclament l'exécution par un mémoire qu'ils ont l'honneur de vous adresser. On m'a dit que plusieurs gentilshommes feront la même démarche et députeront à Paris l'un d'entre eux pour appuyer leur réclamation. La justice a totalement cessé dans cette ville...; les paysans des montagnes du Haut-Dauphiné ont dit hautement, même dans les foires, qu'ils ne paieront pas d'impôts, pas même les anciens, et que les habitants du Gévaudan et du Vivarais pensaient de même... Enfin, il paraît très difficile d'établir des grands bailliages dans cette province, attendu que plusieurs des anciens manquent de sujets, et qu'on sera vraisemblablement peu tenté de prendre des places décriées d'avance par l'opinion publique. Ces observations me sont dictées par mon zèle pour le service du roi et l'intérêt de ses peuples, je vous supplie de les peser au poids de votre sagesse. »

Le ministère était donc bien instruit des dispositions de la population et des terribles éventualités qu'il encourait en persévérant dans la voie de violence qu'il avait si imprudemment ouverte. Et pourtant, loin d'écouter ces conseils de modération, il ordonna, le 30 mai, au duc de

Clermont-Tonnerre, de remettre aux membres du Parlement des lettres de cachet qui les exilaient dans leurs terres, et, en cas de résistance, de faire enlever les récalcitrants par des détachements de troupes, qui les garderaient à vue dans les résidences qui leur seraient assignées.

Cet ordre est exécuté pendant la matinée du 7 juin. Dès que la nouvelle se répand dans la ville, les boutiques se ferment, des groupes tumultueux parcourent les rues et entourent les maisons des conseillers pour s'opposer à leur départ. Devant l'hôtel du premier Président, la foule s'entr'ouvre respectueusement pour laisser passer le corps des avocats et des procureurs qui, revêtus de leur robe de palais, viennent témoigner de leurs sympathies pour cette grande institution qui disparaît. Au moment où M. de Bérulle, premier président, sort de son logis pour monter en voiture, il est arrêté par le peuple qui dételle ses chevaux. En même temps, le tocsin sonne et les paysans des campagnes voisines arrivent armés de haches et de pioches. Trouvant la porte fermée, ils enfoncent une poterne, et se mêlent aux manifestants. Puis, tous ensemble, se ruent sur l'hôtel du duc de Clermont-Tonnerre. Les portes sont forcées, les appartements envahis, et la vie du lieutenant-général est un moment en danger. Les troupes, sans consigne déterminée, ne sachant s'il faut « repousser à coups de fusils les révoltés et la canaille », comme on le leur avait commandé au mois de mai précédent, ou se tenir sur la défensive en évitant toute violence, parviennent mal à maintenir la foule; des pierres et des tuiles, lancées du haut des toits, mettent le désordre dans leurs rangs. Un adjudant du Royal-Marine, commandant une patrouille de quatre hommes, est assailli sur la place Grenette et commande le feu. Trois victimes, dont un enfant, tombent mortellement frappées. La fureur du peuple s'en accroît ; en vain les consuls, en robes et en chaperons, se rendent à l'hôtel du gouvernement et, par de patriotiques paroles, tentent de ramener le calme dans les esprits. Leur voix est étouffée par des clameurs, leur autorité méconnue, et c'est à grand'peine que, les vêtements en lambeaux, ils réussissent à se frayer un passage jusqu'à la salle où se trouve le lieutenant-général, entouré des officiers de la garnison et de l'intendant.

A ce moment, le duc de Clermont-Tonnerre se sentant débordé et craignant de plus graves événements, écrit au premier Président qu'il peut suspendre son départ et autoriser ses collègues à en faire autant. M. de Bérulle donne publiquement lecture de la lettre du lieutenant-général; mais la victoire a rendu le peuple exigeant : il veut que le Parlement soit réintégré dans le palais de Justice, dont il a été brutalement chassé. Le premier Président le comprend : par son ordre, les conseillers se réunissent à son hôtel, après avoir quitté leurs habits de voyage pour revêtir la robe d'hermine. Puis, tous ensemble, escortés d'un concours immense de population, se rendent au Palais, dont le lieutenant-général a dû livrer les clefs. Lorsque les magistrats ont repris leurs sièges, le premier Président prononce une courte harangue dans laquelle il invite ses concitoyens à rentrer dans leurs demeures, confiants dans la justice du roi et la fermeté patriotique du Parlement pour la défense de leurs droits. Ces paroles sont accueillies par des acclamations, et la foule s'écoule paisiblement, pendant qu'un feu de joie est allumé sur la place du Palais et que les cloches des églises, qui ont sonné le tocsin pendant toute la journée, célèbrent la victoire du peuple par des carillons triomphants.

Victoire chèrement payée! Trois morts, dont un enfant de douze ans, et une vingtaine de blessés dans les rangs du peuple; du côté des soldats du Royal-Marine, un assez grand nombre de blessés atteints par les pierres et les tuiles lancées par les manifestants. L'action de la justice étant suspendue par les édits, aucune poursuite ne fut dirigée contre les auteurs de l'émeute. « Dans toute autre circonstance, écrivait le lendemain le procureur général, je n'aurais pas manqué de donner mon réquisitoire pour faire informer de cette émeute populaire; mais j'ai cru plus prudent de me taire dans cette malheureuse circonstance, avec d'autant plus de raison que le Parlement ne peut pas agir, puisqu'il est en vacances suivant la nouvelle loi, qu'il y a, d'ailleurs, un trop grand nombre de coupables, l'émeute ayant été composée d'environ quinze mille âmes, et qu'il serait impossible d'en découvrir les chefs ou auteurs principaux. »

Cependant, il n'entrait pas dans l'intention des membres du Parlement de résister aux ordres d'exil lancés contre eux et, dès qu'ils purent échapper à la jalouse surveillance du peuple, ils quittèrent Grenoble. Le 13 juin, en annonçant cette nouvelle au comte de Brienne, M. de Marcieu terminait sa lettre par ces mots : « Le calme paraît rétabli. » Il n'en était rien : de nombreuses assemblées avaient lieu, dans lesquelles on s'encourageait à la résistance; des pamphlets d'une rare vigueur, l'*Esprit des Edits*, de Barnave, *Les Lettres d'un avocat à un Milord*, d'Achard de Germane, entretenaient l'agitation parmi le peuple des villes, tandis que d'autres écrits tels que l'*Ami des Lois* et la *Lettre d'un Campagnard à M. son Subdélégué* étaient jetés à profusion dans les campagnes.

Le 14 juin, les notables des trois ordres de Grenoble se réunirent à l'Hôtel de ville, et après avoir renouvelé leurs protestations contre les édits de mai, émirent le vœu que les États-Généraux du royaume fussent convoqués pour remédier aux maux de la nation, et qu'en attendant, Sa Majesté permît la réunion des États particuliers de la province, en y appelant des représentants du Tiers-Etat en nombre égal à celui des membres du clergé et de la noblesse. En même temps, l'assemblée invitait les villes et bourgs du Dauphiné à envoyer des députés à Grenoble pour délibérer sur leurs droits et intérêts communs.

Cet appel fut entendu. Quatre villes seulement : Vienne, Valence, Orange et Gap déclarèrent vouloir rester en dehors du mouvement. Sur ces entrefaites, le duc de Clermont-Tonnerre fut remplacé à Grenoble par le maréchal de Vaux, sur l'énergie duquel la Cour comptait pour empêcher toutes ces assemblées illégales. Le loyal soldat ne tarda pas à comprendre qu'il ne pourrait, sans provoquer de graves désordres, remplir la mission dont on l'avait chargé ; il se borna à défendre que la réunion projetée se tînt à Grenoble, où elle aurait pu servir de prétexte à un mouvement populaire. C'est alors qu'un industriel grenoblois, M. Claude Périer, mit à la disposition des délégués son château de Vizille, qu'il avait récemment acquis des Villeroy, héritiers des ducs de Lesdiguières. Cette offre fut acceptée avec empressement et le maréchal laissa faire.

« Le 21 juillet, dès la pointe du jour, dit un contemporain, la route ombragée de noyers, qui conduisait de Grenoble à Vizille par Eybens, fut couverte des députés des trois ordres et des curieux, qui se pressaient sur leurs pas. C'était une belle journée d'été; la plus touchante harmonie réunissait les esprits et les cœurs dans une seule pensée. Quelques détachements d'infanterie et de dragons, l'arme au poing, placés en vedette à égale distance, paraissaient moins un sujet d'effroi qu'une sorte d'hommage rendu à ce renouvellement solennel des grands comices du Dauphiné. »

La séance s'ouvrit à huit heures du matin, dans la grande salle du Jeu de Paume. Le comte de Morges fut élu président, et Joseph Mounier, juge royal de Grenoble, secrétaire. Après une assez longue discussion, l'assemblée adopta, d'un vote unanime, un projet de résolution dont voici les dispositions essentielles :

« Les Trois Ordres protestant contre les nouveaux édits enregistrés militairement, le 10 mai dernier au Parlement de Grenoble, déclarent qu'ils ne peuvent lier leur obéissance, parce que leur enregistrement est illégal et qu'il renverse la constitution du royaume ;

« De très respectueuses représentations seront adressées à Sa Majesté, pour la supplier de retirer les nouveaux édits, de rétablir le Parlement de Dauphiné et les autres tribunaux dans toutes les fonctions qui leur étaient auparavant attribuées, de convoquer les États-

Généraux du royaume, de convoquer aussi les États particuliers de la province ;

« Les Trois Ordres tiennent pour infâmes et traitres à la patrie tous ceux qui ont accepté ou qui pourraient accepter, à l'avenir, des fonctions en exécution des nouveaux édits ;

« Les Trois Ordres de la province, empressés de donner à tous les Français un exemple d'union et d'attachement à la monarchie, prêts à tous les sacrifices que pourraient exiger la sûreté et la gloire du trône, n'octroieront les impôts par dons gratuits ou autrement, que lorsque les représentants en auront délibéré dans les États-Généraux du royaume ;

« Dans les États de la province, les députés du Tiers-État seront en nombre égal à ceux des deux premiers ordres réunis ; toutes les places y seront électives et les corvées seront remplacées par une imposition sur les trois ordres, conformément à la transaction de 1554 ;

« Les Trois Ordres du Dauphiné ne sépareront jamais leur cause de celle des autres provinces, et en soutenant leurs droits particuliers, ils n'abandonneront pas ceux de la nation. »

L'Assemblée de Vizille s'était ajournée au 1er septembre ; mais, dans l'intervalle, le ministère, instruit par cette imposante manifestation que la lutte devenait impossible et dangereuse, se décida à convoquer les États de la province pour le 29 août, à Romans, en accordant au Tiers-État un nombre de représentants égal à celui des deux autres ordres réunis.

Le 20 octobre, le Parlement, rétabli dans ses fonctions, faisait sa rentrée solennelle au milieu des acclamations populaires. Le 1ᵉʳ décembre, après un silence de cent cinquante ans, les Etats du Dauphiné reprenaient leurs séances à Romans (1). Enfin, le roi s'était décidé à convoquer pour l'année suivante les Etats-Généraux du royaume. Les remontrances de l'Assemblée de Vizille avaient été entendues.

---

(1) Ils avaient tenu auparavant deux sessions préparatoires : la première, du 10 au 28 septembre, la seconde du 2 au 8 novembre; mais dans ces réunions, on n'avait fait que discuter les conditions dans lesquelles les Etats de la province devaient être formés.

I

DÉLIBÉRATION DU CONSEIL DE VILLE

(12 mai 1788)

Du lundy douze may mil sept cent quatre-vingt-huit, dans l'hôtel de ville de Grenoble, sur les huit heures du matin, le Conseil Général de la Ville assemblé où étaient présents Messieurs :

De Mayen, *premier consul* ;

Revol, *deuxième consul* ;

Botut, *consul* ;

Allemand, *procureur du Roi* ;

Barthélemy, Savoye, *députés de la Cathédrale* ;

Michon, de Légalière, *députés de la Collégiale* ;

Le marquis de Viennois, *sindic de la noblesse* ;

Pervard, Le Maistre, Bertrand, *avocats* ;

Du Bois, *procureur de la Ville* ;

Sorrel, *procureur en la Cour* ;

Crest, *procureur en la Cour* ;

Du Bertin, *procureur au bailliage* ;

Cotton, *trésorier de la Ville* ;

Balmet, *bourgeois* ;

A été exposé par M. de Mayen, premier consul, que la

consternation générale des citoïens et leurs inquiétudes occasionnées par les circonstances présentes qui peuvent porter la plus grande atteinte à l'existence de la Ville et aux propriétés de ses citoyens ont déterminé MM. les Consuls à convoquer le Conseil de ville pour délibérer sur les démarches qu'il trouvera convenables pour prévenir les malheurs dont la Ville est menacée.

Ouï le procureur du Roi,

Le Conseil a prié MM. les Consuls, MM. Barthélemy, député de la Cathédrale; Michon et de Légalière, députés de la Collégiale; le marquis de Viennois, sindic de la noblesse; Le Maistre et Bertrand, avocats; Allemand du Lauron et Crest qu'il a nommés pour commissaires, de s'occuper incessamment de faire un mémoire qui contiendra les observations qu'ils jugeront convenables pour éviter les pertes et les dangers que la Ville peut éprouver par cet événement lequel sera rapporté pour être lu et examiné dans une assemblée générale du Conseil qui est renvoyée au mardy vingt du courant à trois heures de relevée et délibérer ce qu'il appartiendra.

II

MÉMOIRE DU CONSEIL GÉNÉRAL DE GRENOBLE
AU SUJET DES NOUVELLES LOIS

(20 mai 1788)

Du mardy vingt mai mil sept cent quatre-vingt-huit, dans l'hôtel de ville de Grenoble, sur les trois heures de relevée, le Conseil général de la Ville assemblé ou étaient présents Messieurs :

De Mayen, *premier consul* ;

Revol, *deuxième consul* ;

Laforest, *troisième consul* ;

Allemand, *procureur du Roy* ;

Barthélemy, Savoye, *députés de la Cathédrale* ;

Michon, de Légalière, *députés de la Collégiale* ;

Le marquis de Viennois, *sindic de la noblesse* ;

Lemaître, *avocat de la Ville* ;

Perrard, Bertrand, Farconnet, *avocats* ;

Du Bois, *procureur de la Ville* ;

Sorrel, Crest, *procureurs en la Cour* ;

Du Bertin, *procureur au bailliage* ;

Cotton, *trésorier de la Ville*.

Le Conseil général assemblé ensuite de la délibération du douze de ce mois, Messieurs les Commissaires nommés par la dite délibération ont mis sur le bureau le mémoire par eux rédigé à l'effet qu'il en soit fait lecture.

A l'instant, M. de Mayen, premier consul, a représenté une lettre de cachet qui lui a été adressée ce jour d'hui par M. le duc de Tonnerre, conçue en ces termes :

« De par le Roi Dauphin, chers et bien aimés, nous
« défendons très expressément à vous tous en général
« de tenir aucunes assemblées relatives à l'exécution des
« lois enregistrées de notre très exprès commande-
« ment en notre Parlement de Dauphiné, le dix de ce
« mois, et en chacun de vous en particulier d'assister à
« aucune assemblée semblable, et ce à peine d'être punis
« comme réfractaires à nos ordres, si n'y faite faute, car
« telle est notre volonté.

« Donné à Saint-Cloud, le 16ᵉ may 1788.

Signé : DE LOMÉNIL, marquis DE BRIENNE.

Et au dos est écrit : « A nos chers et bien aimés les
« Officiers municipaux de notre ville de Grenoble. »

Ouï le procureur du Roi qui a requis qu'il soit fait lecture de la lettre de cachet et du mémoire.

Le Conseil, après avoir ouï la lecture de la lettre de cachet et du mémoire remis par MM. les Commissaires, considérant que les deffenses que la lettre renferme n'interdisent d'aucune manière au Conseil la liberté d'adresser au Gouvernement ses humbles représenta-tions sur le malheureux état auquel les citoyens de cette Ville se trouvent réduits par les nouveaux édits qu'il a plu à Sa Majesté de faire enregistrer au Parlement ; que son intention n'a jamais été de former aucune opposition directe ni indirecte à l'exécution de ces lois, mais seule-ment de lui adresser ses doléances sans entendre contre-venir à ses volontés.

A été unanimement délibéré que MM. les Consuls sont priés d'addresser une copie de la présente délibération, du mémoire y ennoncé de la délibération précédente du 12e de ce mois à Monsieur, frère du roi, propriétaire dans la Province, à S. A. S. Monseigneur le duc d'Orléans, gouverneur de la dite Province, à Monseigneur l'archevêque de Vienne, etc.

III

MÉMOIRE POUR LA VILLE DE GRENOBLE, CAPITALE DU DAUPHINÉ

L'ÉVÉNEMENT destructeur que vient d'éprouver la magistrature entière du royaume n'a frappé nulle part avec autant de force que sur la province du Dauphiné, dont les principales contrées n'ont presque de vie que par leurs tribunaux ; et parmi les diverses villes qui la composent, la capitale est celle de toutes qui paraît menacée du sort le plus désastreux.

La consternation générale s'est répandue dans le public à la vue des enregistrements militaires et de leur appareil effrayant ; chaque citoyen a calculé d'avance la perte de ses ressources d'industrie, les diminutions de valeur dans ses propriétés de la ville et de la campagne, le poids intolérable de l'accroissement de l'impôt dans le moment même ou toutes les fortunes allaient périr, les expatriations, enfin, qui devaient être les suites nécessaires de tous ces maux réunis, et aussitôt un cri général et douloureux s'est élevé vers le trône, vers le protecteur auguste de la Province, vers les Administrateurs d'une cité principale devenue bientôt la plus malheureuse si la constitution nouvelle qui embrasse l'Etat entier peut envelopper la Province dont elle est le chef-lieu dans la disgrâce commune.

L'Hôtel de Ville de Grenoble n'a pu rester insensible aux alarmes et aux réclamations de ses citoyens, à celles des nombreuses campagnes qui l'environnent et qui, en lui fournissant la subsistance, la reçoivent d'elle à leur tour ; il s'est flatté que le gouvernement accueillerait avec bonté, avec intérêt même, des plaintes d'autant plus dignes d'être entendues qu'elles seront étayées de lumières et de notions locales que de trop grandes distances lui ont rendu presque impossibles à acquérir.

La province du Dauphiné n'est point dans la classe commune des provinces de France ; c'est une vérité constante, notoire, que le temps n'a pu effacer, qu'il n'effacera jamais, parce que nos rois eux-mêmes ont pris soin, dans tous les âges, d'en renouveler la mémoire ; lorsque le dauphin Humbert II, par le fameux traité du 23 avril 1343, transporta le Dauphiné à Philippe duc d'Orléans, second fils du roi Philippe de Valois, ce transport ne fut fait que sous la condition expresse « que le Dauphin et ses successeurs seraient tenus de « se faire appeler *Dauphins de Viennois*, qu'ils porteraient « les armes du Dauphiné écartelées avec celles de « France, et que le Dauphiné ne pourroit être uni ny « *ajouté* au royaume que dans le seul cas ou l'Empire « lui serait uni ». Ces conditions furent solennellement acceptées et confirmées par Philippe de Valois, et il en résulta que le transport fut un don fait au roi pour le Dauphin de France et non au royaume de France même ; que le Dauphiné quoique ajouté à la domination du roi dut rester indépendant du royaume et que cette indépendance put être assimilée à celle de l'empire lui-même, puisque l'union du Dauphiné à la couronne de France fut subordonnée à celle de l'empire.

Un deuxième traité, du 3 juin 1344, changea la personne du donataire : ce fut Jean duc de Normandie auquel à la place de Philippe d'Orléans son frère puiné, fut transporté le Dauphiné, mais les conditions du premier acte ne reçurent aucune atteinte, et, au contraire, le duc de Normandie et le Dauphin Humbert déclarèrent formellement confirmer avec serment toutes *les conditions, retentions, permissions, privilèges, libertés, considérations et déclarations quelconques contenues en ycelles pactions*.

Enfin, par un troisième acte du 30 mars 1349, le Dauphin fit un nouveau transport en faveur de Charles, fils du duc de Normandie, qui fut depuis le roi Charles V, et il .y fut stipulé que toutes les précédentes conventions resteroient dans toute leur force et sans novation, pour tout ce en quoy il n'étoit point dérogé par les présentes. Bientôt après le Dauphin Charles, de l'autorité du duc son père, confirme avec serment, en présence de plusieurs archevêques et évêques, et d'une foule de gentils hommes des plus qualifiés, tous les pactes, déclarations, libertés, franchises contenus dans les clauses des premiers actes, et il jura de les observer inviolablement et en entier *inviolabiliter et perfecte et non quàm per se, vel per alium contra facere vel venire*.

Ainsi la disposition essentielle de transport qui séparoit d'une manière si marquée le Dauphiné du royaume de France resta dans sa pleine et entière vigueur. Charles VI l'a confirmée de nouveau au mois d'avril 1381, et son acte de confirmation fut essentiellement relatif au premier transport de 1343 au bas duquel il fut écrit ; de pareilles confirmations furent ensuite données par les rois Charles VII, Louis XI, Charles VIII, Louis XII, François Ier, Henri II, François II et Henri IV. Dans tous les temps le Dauphiné fut reconnu faisant classe à part et sans incorporation dans le royaume. François Ier traitant avec le pape Léon X pour la rédaction du fameux concordat de 1518, y stipula comme roi de France et comme souverain du Dauphiné ; il en ordonna la promulgation non pas seulement dans le royaume, mais encore dans le Dauphiné ; on voit enfin que dans les diverses assemblées des Etats-Généraux on n'omit jamais d'ennoncer spécialement que les Etats du Royaume avoient été assemblés avec ceux du Dauphiné.

De là cette opinion généralement répandue parmi les publicistes, les jurisconsultes, les historiens, dont aucun n'a mis en doute que le Dauphiné ne fut une principauté non unie au royaume, un corps particulier qui ne reconnoit les rois de France que comme Dauphins et non comme roi, et qui ne peut être assujetti aux usages et coutumes du Royaume. C'est le langage que tiennent en toutes lettres le savant Dumoulin, sur la Coutume de Paris ; les présidents de Boissieux et de Valbonnais ; le conseiller François Marc ; l'historien Chorier, l'auteur de la nouvelle histoire de France, tome 8, page 487, où il observe même « que le Dauphiné a toujours conservé « un sceau particulier dont le chancelier a la garde, à la « différence des autres provinces qui perdirent leur « chancellerie à chaque réunion. »

Sous ces rapports politiques, fondés sur les contrats les plus solennels, sur des pactes consacrés par la volonté et par le serment même de nos souverains, la province aurait pu penser avec justice qu'elle devoit être exceptée des innovations affligeantes et ruineuses qui forment en ce moment l'objet de sa réclamation, et que l'inaction même de ses Etats-Généraux suspendus depuis plus d'un siècle et demy étoit un motif de ne rien entreprendre contre sa constitution ancienne et toujours subsistante. A-t-on pu, pendant qu'elle reposait tranquillement à l'ombre des traités faits avec celui-là même qui disposa d'elle en faveur des Dauphins de France, lui ravir par de nouvelles lois constitution-nelles tous les avantages qu'elle retiroit des anciennes.

La ville de Grenoble semble vouloir ici défendre la cause de la province entière, mais outre qu'en sa qualité de ville capitale elle a un intérêt non seule-ment commun mais prééminent, n'est-ce pas elle qui va principalement souffrir de la privation de son tri-bunal souverain auquel jusqu'à ce jour, et surtout pen-dant le sommeil de ses Etats, furent attachés son bonheur, son repos, sa fortune et sa gloire? et combien de lois respectables se trouveront encore blessées par cette funeste destruction.

Par une charte donnée en 1340, le Dauphin Hum-bert II créa dans la ville de Grenoble un Conseil sou-verain qu'il voulut être perpétuellement résident en cette ville : *Quod Consilium Delphinale faciamus exnunc in antea in civitate Gratianopolitana assidue residere ;* il désigna les divers ordres de personnes qui devaient la remplir et ordonna que ce Conseil seroit toujours ap-pellé : *Consilium Delphinale residens Gratianopoli* ; il lui attribua une juridiction et une autorité plénière, *in toto Delphinatu ac tota terra nobis subjecta,* non seule-ment pour connaître de toutes les appellations du juge majeur, mais encore pour accorder lettres, faire justice de tous les officiers du Dauphin, user enfin du même pouvoir qu'il avoit lui-même pour le gouvernement de son état tant au civil qu'au criminel; il lui prescrivit au surplus d'avoir un sceau portant l'image du Dauphin et ayant pour légende ces mots : *Sigillum Consilii Delphinalis Gratianopoli residentis.*

Bientôt après le Dauphin nomma les conseillers qui devaient former ce Conseil et il répéta la condition : *Quod dictum Consilium debeat, Consilium Delphinale residens Gratianopoli appellari.* Dans la même année 1340, il en confirma de nouveau l'établissement avec cette clause qui semblait lui tenir principalement au cœur : *Imprimis quod nos nostrum Consilium Delphinale in civitate Gratianopolis perpetuo per mensurum in posterum habeamus volumus in super,* ajoute-t-il dans les mêmes lettres, *quod vos debeatis in posterum Consilium Delphinale Gratianopoli residens vulgariter et communi vocabulo appellari.*

Le Dauphin ne pouvait mieux marquer sans doute le désir de donner à son tribunal souverain une stabilité inaltérable dans sa ville de Grenoble, et il fallait bien sans doute qu'il eût été convaincu que cette résidence importait essentiellement au bien de ses sujets. C'est dans ce même objet que neuf années après il voulut asseoir encore à perpétuité dans la même ville le siège du juge majeur des appellations; il donne pour motif de cet établissement la prééminence de la ville de Grenoble sur tous les autres lieux du Dauphiné : *Quia civitas Gratianopolitana, locus insignis et communis est toto Delphinatui inter cœteros Delphinatus,* et on ne peut douter qu'il n'eût encore celui de soumettre plus immédiatement le siège majeur à l'inspection de son tribunal souverain.

Or c'est à la suite presqu'immédiate de ces témoignages éclatants de sa volonté sur la résidence perpétuelle d'un conseil souverain dans sa capitale qu'il transporte en entier sa province aux enfants de France et, loin de laisser à ceux-ci la liberté de déranger à leur gré l'ordre qu'il avait établi, il exige d'eux une promesse solennelle *de garder à toujours et perpétuellement tous les privilèges, bons us et bonnes coutumes du pays de Dauphiné, cités, châteaux, églises, villes, etc.* On le voit dans son testament fait en l'Isle de Rhodes supplier le roi et ceux qui seront Dauphins *quatenùs bonos usus patriæ Delphinalis observare velit et per suos officiales faciat observari proùt promisit, et in dictis conventionibus latiùs continetur.* Fidèle à cette prière ainsi qu'à la loi des traités, Charles V jura, en 1349, l'observation de tous les pactes antérieurs, il s'engagea de même *bonos usus et bonas consuetudines Delphinatus servare, custodire et attendere inviolabiliter et perfectè;* et pourroit-on douter que la résidence d'un Conseil souverain à Grenoble, à laquelle le Dauphin Humbert avait mis tant d'attache ne fut le premier des objets d'ordre public, la plus utile des bonnes coutumes qu'il avait été jaloux de conserver.

Louis XI, lorsqu'il n'étoit encore que Dauphin de France, transforma en Parlement le Conseil établi par Humbert II, et le célèbre conseiller Guy-Pape nous assure qu'il en fixa de nouveau la résidence dans la ville de Grenoble. *Anno 1453, mense junii,* dit cet auteur, *Domino nostro Ludovico Delphino Viennæ existente, ipse decrivit fieri parlamentum in hac patria Delphinali et ipsum parlamentum instituit, residere debere in præsenti civitate Gratianopolitana.*

Ainsi tous nos souverains jusqu'à ce jour avaient jugé

que la ville capitale de Grenoble était le siège naturel du tribunal souverain, que la province, comme principauté indépendante du royaume, avait le droit d'avoir et de conserver dans son sein sa position avantageuse qui correspond par d'égales distances aux deux extrémités. Sa population, ses édifices publics, l'étendue de son enceinte, tant d'autres rapports sous lesquels sa prééminence sur toutes les autres villes était si sensiblement caractérisée, lui avaient valu le précieux avantage qu'une possession respectable de quatre siècles et demi suffiroit pour lui assurer quand même il ne faudroit pas encore, pour le lui ravir, fouler aux pieds la foy des traités les plus augustes et les plus multipliés.

On dira que la nouvelle constitution laisse subsister un parlement quelconque dans la ville de Grenoble, mais il est trop évident qu'on ne lui donne qu'une vaine image en dédommagement de la réalité qu'on lui ôte. Deux sièges nouveaux sont établis dans la province sous le nom de grands bailliages, l'un à Grenoble, l'autre à Valence, avec attribution à chacun d'eux du droit de juger en dernier ressort jusqu'à la somme de 20,000 francs; les bailliages actuels, d'autre part, sont établis en titre de présidiaux pouvant juger souverainement jusqu'à 4,000 francs; et que peut-il rester au Parlement à la suite de ces prodigieuses attributions ? C'est dire beaucoup trop si l'on répond qu'il pourra recueillir encore la centième partie des causes de la province.

Si l'on a jugé du Dauphiné par l'Isle de France et ce qui l'environne ou par certaines provinces maritimes que le commerce peut enrichir, on a été manifestement trompé par ces modèles.

Le Dauphiné, posé à l'extrémité du royaume, couvert dans la moitié de sa surface de montagnes infertiles, touchant d'une part à la Savoie, pays sans ressources, et de l'autre au Lyonnais et la Provence qui n'ont qu'un commerce indépendant de lui, ne peut avoir, par conséquent, ni commerce propre, ni numéraire; en général, l'habitant des villes y est peu commode et celui des campagnes est misérable. On peut dire que les exceptions, en petit nombre, qu'on y trouve ne servent pour ainsi dire que de flambeaux pour éclairer mieux sur la misère de la multitude.

Or, l'on conçoit que dans un pays aussi mal partagé de la fortune, les intérêts d'une valeur supérieure à celle de vingt mille livres ne peuvent être qu'extrêmement rares. Une expérience journalière l'a démon'ré. Le Parlement ne juge pas deux ou trois fois l'année des intérêts de cette importance.

Le calcul des fonctions du nouveau parlement est maintenant facile à faire. Déjà l'attribution faite aux nouveaux présidiaux de pouvoir juger en dernier ressort jusqu'à mille livres enlève aux grands bailliages les trois quarts au moins des causes de la province et les grands bailliages à leur tour jugeant souverainement jusqu'à vingt mille livres, enlèvent au Parlement la presque totalité du contentieux; il ne reste ainsi en partage à ce dernier qu'une inertie forcée et presque absolue, avec la crainte d'être incessamment supprimé à raison de son inutilité.

Le Parlement ancien, créé en remplacement du conseil delphinal, et sur le modèle du premier Parlement de France, exerçait la noble et auguste fonction d'éclairer le souverain sur ses vrais intérêts; de lui repré-

senter les besoins de son peuple ; de lui faire parvenir
les connaissances locales que du haut de son trône il
ne pouvait bien appercevoir ; de donner enfin à ses lois
cette sanction précieuse à laquelle sont attachées la
confiance et la soumission des peuples. Toutes ces
fonctions sont ôtées au tribunal qui le remplace, la province n'a plus ni représentants ni défenseurs ; ses lois
et coutumes propres, ses exceptions, ses privilèges déjà
si altérés ou méconnus, vont achever de se fondre
dans l'administration générale d'un royaume dont elle
ne fait point partie ; les cris du besoin, les plaintes contre
l'oppression ne seront désormais que de vaines clameurs
qui vont se perdre et s'éteindre dans la distance qui
la sépare du souverain.

Une cour appelée *plénière* sera chargée de la vérification des lois et de leur enregistrement; mais soit qu'il
s'agisse d'administration ou de levée d'impôts, qui
pourra tracer au gouvernement les nuances qu'il doit
observer pour une juste application de ses lois, qui
lui fera sentir qu'une telle loi, qui pourrait convenir à
une telle province, peut n'être point applicable à celle
du Dauphiné ? Qui l'instruira de l'état sans cesse versa-
tile de ses ressources et des besoins de ses habitants ?
Qui défendra surtout la cause du Tiers-Etat, auquel
tout accès, même indirect à cette cour, paraît être in-
terdit ? Est-ce donc au député unique d'un Parlement
sans pouvoir que la province peut donner sa confiance ?
L'Hôtel de Ville le dit avec douleur, mais il ne peut taire
qu'il s'efforcerait en vain de peindre les alarmes que la
création d'une Cour plénière à 120 lieues de lui a jetées
dans tous les cœurs. Jusqu'à ce moment les parlements
avaient été les seuls dépositaires des lois données à la

nation, et on n'a pu voir qu'avec effroi que ce précieux dépôt leur fût ôté pour être mis dans la main d'une Cour plénière qui, sous les rois de la première race, ne fut qu'une assemblée de fêtes et de plaisirs, et qui, sous les races suivantes, ne connut jamais ni de l'enregistrement des lois, ni de l'impôt.

Il est donc vrai que le Parlement qu'on laisse à la province n'est qu'une vaine ombre qu'on ne veut même regarder comme celle de l'ancien. Ce tribunal n'est pas, à aucun égard, celui qu'avait établi le Dauphin Humbert, et dont les Dauphins ses successeurs avaient promis avec serment la conservation, avec celle de tous les privilèges et bonnes coutumes de la province. Le Dauphin l'avait constitué seul juge en dernier ressort dans toutes les terres de sa domination, et on ne lui laisse que la moindre part de cette juridiction souveraine, divisée entre deux grands bailliages et neuf présidiaux. Le Dauphin lui avait attribué le droit de faire justice de tous les officiers inférieurs *justiciam* de *officialibus faciendo*; et cette juridiction de discipline qu'il exerça depuis avec tant de succès pour le bien des peuples, lui est ôtée sur tous les officiers des grands bailliages que la nouvelle loi soustrait à son inspection. La justice criminelle enfin, qu'il exerçait dans tous les cas de délits et sur toutes sortes de personnes, ne lui est désormais laissée que sur l'ecclésiastique et le gentilhomme dont l'honneur et la vie paraissent seuls être assez précieux pour mériter les regards et l'examen du tribunal le plus élevé.

Qu'il soit permis d'exhaler au moins par la douleur le sentiment pénible qu'excite cette distinction humiliante; le Tiers-Etat, cette classe la plus nombreuse de la so-

ciété, qui verse le plus de sang pour son souverain,
qui fournit le plus à ses besoins, qui fait essentiellement
fleurir le royaume par l'agriculture, le commerce, les
sciences et les arts, est livré à l'abjection et au mépris.
Des tribunaux qui ne peuvent juger sans appel au delà
de 20,000 francs, jugent souverainement de la vie des
hommes ; la tête du citoyen roturier, fût-il même le plus
digne d'être noble, ne vaut pas 20,000 francs, suivant la
loi nouvelle. Jetons le voile sur les dangers qui peuvent
naître d'une disposition qui rabaisse ainsi le sang au-
dessous de l'argent, et réduisons-nous à prier ardem-
ment que la vie de tous les citoyens, sans exceptions,
soit remise entre les mains du tribunal souverain à qui
sa supériorité même en fait mieux sentir le prix.

Si le nouveau Parlement qu'on nous donne n'est point
le tribunal qu'avait établi le Dauphin, il n'est pas mieux
encore celui qu'avait formé Louis XI à l'instar du Parlement de Paris, et dont les rois ses successeurs ont
maintenu jusqu'à ce jour les droits et la dignité. C'est
donc l'ouvrage des Dauphins et des rois ensemble qu'on
entreprend de renverser ; et si l'on considère que la
chute de cette Cour entraîne encore avec elle celle de
plusieurs autres tribunaux qui lui ressortissaient, on est
effrayé du calcul des pertes énormes que la ville de Grenoble va ressentir de tant de suppressions réunies.

Grenoble est une ville sans commerce, sa position
même ne lui en permet aucun ; mais elle renfermait
dans son sein un Parlement, une Chambre des Comptes,
un Bureau des finances, un bailliage, un Tribunal d'élection, un siège de Maîtrise ; ces tribunaux avoient à leur
suite un nombre de près de cent avocats et d'environ
quatre-vingts procureurs. Or, la suppression de l'ancien

Parlement, que la création du nouveau ne remplace à aucun égard; la suppression du Bureau des finances, celle de l'Election, celle de la Maîtrise, enlèvent à la ville plus de deux cent cinquante familles, en y comprenant l'expatriation devenue nécessaire d'une grande partie des gens d'affaires que ces tribunaux retenaient autour d'eux.

Un grand bailliage, jugeant en dernier ressort, est établi à Grenoble même, mais il ne reste pas moins que par la création d'un second tribunal de même nature, cette ville perd la plus précieuse moitié du ressort que son ancien Parlement attirait à lui; de là, l'abord des étrangers devenu moindre de plus de moitié; de là, la chute de toutes les espèces de commerce qui se font dans la ville; de là, l'expatriation du négociant, de l'artisan, de l'ouvrier, d'une foule de serviteurs à gages, et celle sans doute des grands propriétaires, qui préféreront évidemment le séjour de leurs terres à celui d'une ville devenue languissante, dépeuplée, sans ressources et sans agrément.

Du même coup périssent toutes les propriétés de la ville et de la campagne; leur valeur s'abaisse nécessairement de moitié, et les propriétaires perdent ainsi la moitié de leurs revenus, au même moment que l'accroissement des impôts leur ôte les moyens de trouver leur subsistance dans ce qui leur reste. Un pareil tableau est effrayant, sans doute, mais il est fondé sur les calculs donnés par la voix unanime des citoyens, et on n'a pas la consolation d'en adoucir la terreur, en feignant un moment qu'il peut être exagéré par la douleur.

Dans cette position déplorable de tous les ordres,

quelle est celle de la Municipalité en particulier ? Dès longtemps avant les lois nouvelles, l'Hôtel de Ville avait cherché des remèdes au désordre de ses finances, occasionné par la dureté des temps et le poids excessif de ses charges : il avait nommé des commissaires pour vérifier l'état de l'actif et du passif et donner le meilleur ordre possible à l'administration de l'un et de l'autre.

Le résultat de leurs opérations fut que la Ville ne pouvait compter sans ses revenus annuels qu'une somme de 103 405 liv. 7 sols. et que sa dépense fixe et certaine montoit chaque année à 109.434 liv. 6 sols 8 den., ce qui rendoit un déficit de 5.998 liv. 16 sols 8 den. Il fut vérifié de plus qu'il n'y avoit aucune possibilité de procurer des augmentations à la recette, et que loin de pouvoir opérer aucun retranchement sur la dépense, il étoit indispensable d'y ajouter encore les dépenses accidentelles, telles que les réparations à faire aux hôtels, églises, presbytères, places publiques, portes de la ville, quais, ponts, les dépenses des fêtes publiques, frais de justice, gratifications, incendies, inondations, etc., tous lesquels objets réduits en année commune arrivoient annuellement à plus de vingt mille livres ; en sorte que du travail des commissaires il résulta cette vérité vraiment désastreuse qu'il s'en falloit de plus de 25.000 liv. que la Ville put faire la balance de sa recette avec sa dépense.

C'est dans cet état de crise, que les administrateurs n'envisageaient déjà qu'avec désespoir, que sont survenus les nouveaux édits, qui, par la supression des tribunaux établis dans cette ville, par les expatriations et les cessations de commerce qui vont en être la suite nécessaire, réduiront évidemment de plus de moitié ses

revenus annuels et la mettent dans l'impuissance absolue d'acquitter ses charges; loin de nous la pensée
atroce qu'on put y suppléer par de nouvelles imposi-
tions locales, elles ne feraient que porter la désolation à
son comble, elles porteraient, en quelque sorte, l'incendie jusque dans les foyers d'une foule de citoyens.

L'Hôtel de Ville ne jettera plus qu'un dernier regard sur
les nouveaux édits pour en faire ressortir sous d'autres.
rapports, les préjudices ruineux qu'ils apportent à la
ville de Grenoble et à la province entière.

Une disposition remarquable concernant les terres en
justice a singulièrement affligé la noblesse qui en pos-
sède la plus grande partie, et avec elle tous les posses-
seur de fiefs de cette nature. La nouvelle loi, dans son
préambule, semble annoncer qu'elle va conserver toutes
les justices seigneuriales dans leur état ancien, et qu'elle
n'entend porter aucune atteinte à cette portion précieuse
de la propriété des seigneurs, et cependant lorsque cette
loi dispose, elle enjoint aux seigneurs d'avoir dans le
chef-lieu de leur seigneurie un auditoire, un greffe, des
prisons, un juge gradué, un procureur fiscal, un greffier,
un geôlier résidants, à défaut de quoi elle leur enlève tout
exercice de la justice criminelle; et quant à la civile, il
est laissé à la volonté des parties de franchir ce premier
degré de juridiction pour porter leurs causes aux présidiaux.

Il est sensible que par cette disposition, les seigneurs
perdent tout le fruit de leur justice civile, puisqu'on
laisse aux parties la liberté de s'adresser directement
aux présidiaux. Il ne l'est pas moins que ne pouvant
avoir en résidence, dans leurs terres, un juge gradué,
un procureur fiscal, un greffier, un geôlier, tous les pre-

miers frais de la procédure criminelle restent à leur charge et qu'ils sont même exposés à tous ceux de l'instruction ultérieure, s'ils n'apportent la plus grande vigilance à prévenir les présidiaux. Ainsi, la loi nouvelle enléve aux seigneurs leurs juridictiables, les fruits de la justice civile, et toute la dignité de leurs fiefs.

En Dauphiné, les justices des seigneurs étoient presque toutes exercées dans les villes; le Parlement, qui avoit senti l'impossibilité et le danger de les laisser établir dans de petits lieux où de mauvais praticiens trouvent la plus grande facilité de multiplier les procès, s'étoit fait autoriser par une déclaration du roi, du 18 avril 1748, à régler lui même les divers lieux de l'exercice de ces justices : plus de deux cents de ces mêmes justices étoient, en conséquence, exercées à Grenoble. Des avocats éclairés y remplissoient les fonctions de juges; des procureurs attachés aux tribunaux supérieurs y instruisoient les procès à très peu de frais, et l'expérience assure que les trois quarts de ces procès s'éteignoient dans ces premiers sièges.

Or, l'édit nouveau qui les supprime, car il n'en reste plus que l'ombre sans réalité, attente d'une part à la propriété des seigneurs, prive la Ville des bénéfices que le concours des juridictiables pouvoit lui procurer, et force le plus souvent les plaideurs à recourir à des tribunaux plus dispendieux, dont la plupart d'entre eux se seroient épargné l'accès.

D'autres inconvénients plus graves résultent des nouveaux édits; ils partagent tout le ressort de la province entre deux tribunaux souverains, et ils élévent à la dignité de présidiaux les bailliages existans auxquels ils départent même une portion de la souveraineté.

Vingt-sept officiers doivent composer les grands bailliages, et quatorze officiers doivent former les présidiaux; des connaissances locales préalablement acquises auroient pu apprendre que de pareils établissements n'étoient point en proportion avec les forces de la province.

Déjà il paraît impossible d'asseoir quatorze officiers dans chacun des bailliages et sénéchaussées qui existent actuellement au nombre de neuf.

La sénéchaussée de Valence, qui avoit été créée pour avoir vingt-un officiers outre les gens du roi, n'a jamais pu parvenir à remplir ce nombre, et en l'état, elle a douze offices vacants; celle de Crest n'a que quatre officiers en y comprenant même le Procureur du Roi et celle de Montélimar n'en a que cinq. Les bailliages de Grenoble, Vienne et Saint-Marcellin n'ont le chacun que six officiers, les gens du roi compris; il n'y en a que cinq à Briançon, et au bailliage d'Embrun, tous les assesseurs sont vacants. Même vacance dans celui de Gap; et au bailliage du Buis, il n'y a pour tous juges que le seul vibailli. Conçoit-on bien la possibilité de trouver environ cent trente officiers comme l'ordonne la nouvelle loi pour remplir neuf tribunaux qui n'en contiennent aujourd'hui qu'environ quarante-huit, sans même qu'ils aient jamais pu se compléter mieux.

On a ignoré sans doute que même en réduisant le nombre de ces tribunaux, la composition ne pouvait en être encore qu'extrêmement difficile, il est connu que la plupart des chefs de bailliages et des sénéchaussées retirent à peine de leur place un émolument de 7 à 800 livres, et que les profits des autres officiers y sont infiniment moindres; on ne pourroit donc destiner à un plus grand

nombre d'officiers que le sort le plus misérable; ils se
verraient réduits à grossir leurs émoluments pour pouvoir subsister, et l'administration de la justice en de-
viendroit d'autant plus dispendieuse et plus surchar-
geante pour les parties.

Deux grands bailliages vont se partager la juridiction
en dernier ressort de toute la province. Car il vaut peu
la peine de compter ce qui peut rester au Parlement;
mais sans porter encore la sollicitude au point de savoir
comment on parviendra à remplir les cinquante-quatre
offices dont ils doivent être composés, cette division de
ressort dans une province dont le territoire est si peu
étendu, et dont, en général, les habitants sont aussi
pauvres, n'apporte-t-elle pas avec elle plus de préjudices
que d'avantages?

Il est facile de prévoir que l'existence de deux nouveaux tribunaux ne pourra être que beaucoup plus coûteuse que ne le fut jamais celle de l'ancien Parlement.
Les registres de cette Cour apprennent que les épices
que lui valoit l'administration de la justice n'arrivoient
pas chaque année au delà de 17 à 18,000 livres, et que
chaque magistrat-rapporteur retiroit à peine d'un travail assidu et pénible un bénéfice de 8 à 900 livres. Ces
officiers, tirés de l'ordre de la noblesse et jouissant tous
d'une fortune considérable ou honnête, comptoient pour
rien les profits, et n'envisageoient que la gloire et l'utilité de leurs fonctions.

Mais le coup qui vient de frapper la magistrature ne
permet plus d'espérer qu'elle se régénère par des sujets
du même rang; avec la différence des personnes, se
trouvera nécessairement celle des fortunes et du désinté-
ressement; on sent mieux qu'on ne peut l'exprimer que

deux corps nombreux de magistrats établis à quinze
lieues l'un de l'autre ne pourront jamais exister avec la
même économie pour les habitants de la province, qui
suffisoit à son ancien Parlement, et qui n'étoit même
pour lui qu'une surabondance qu'il eût volontiers dédai-
gnée.

Si la justice devient désormais plus coûteuse, il est
évident encore qu'elle manquera des secours dont elle a
besoin pour son administration. A l'ancien Parlement de
Grenoble, il s'étoit formé un barreau composé de jurisconsultes éclairés; il concentrait en lui-même la plus
grande portion des lumières de la province; toutes les
causes étoient d'autant plus utiles, qu'à la confiance des
parties se joignoit encore celle des magistrats; mais la
division qui va s'opérer ne peut qu'éteindre ces précieux
avantages, il ne se formera point deux barreaux dont le
chacun puisse remplacer l'ancien. Le Parlement, une
fois détruit, tout ce qui l'environne se disperse à l'instant
sans qu'aucun des tribunaux substitués puissent en recueillir les dépouilles.

Les malheurs dont on vient de présenter les détails
affectent sans doute le royaume entier; mais nulle part,
on le répète, ils ne pèsent autant que sur la province de
Dauphiné, sur la capitale et sur toutes les campagnes
qui l'entourent; à la ville, il faudrait entendre les cris du
citoyen revêtu d'offices ou d'autres fonctions publiques
dont il désespère de tirer désormais sa subsistance; du
négociant et de l'artisan qui voient périr toutes leurs
ressources d'industrie, des gens à gages que leur expul-
sion peut réduire à un désespoir pernicieux à la société;
à la campagne, il faudrait entendre les plaintes amères
du cultivateur qui ne voit plus les moyens de vivre et de

payer un impôt augmenté avec des denrées diminuées de valeur. Ce sont ces réclamations attendrissantes qui ont mû l'Hôtel de Ville bien plus puissamment que la détresse affreuse dans laquelle il se trouve lui-même; il étoit de son devoir, plus encore qu'il n'était digne de son zèle, de les adresser au Gouvernement qui seul peut apporter le soulagement; par-là même, il soutenoit l'espérance dont il a pensé qu'il était sage d'exalter le sentiment dans le moment le plus vif de la douleur.

L'Hôtel de Ville prévoit sans peine que d'autres villes, d'autres provinces porteront au Gouvernement de pareilles plaintes, et qu'il serait consolant que pour acquérir le complément des lumières sur ces objets aussi dignes de la sollicitude d'un monarque, père de ses sujets, il voulut bien les chercher dans la prompte convocation des États-Généraux du Royaume; alors la ville de Grenoble, défendue par ses États propres de la province, espéreroit, par ses justes réclamations, un succès d'autant plus certain, que l'organe qui les porteroit aux pieds du Trône seroit plus touchant.

IV

RÉCIT DE L'ÉMEUTE ARRIVÉE A GRENOBLE LE 7 JUIN 1788,
A L'OCCASION DES LETTRES D'EXIL
DISTRIBUÉES AUX OFFICIERS DU PARLEMENT

Quœque ipse miserrima vidi.
Æneïd, lib. 2, vers 3.

DE tous les maux qu'a faits à la France la crise momentanée, mais terrible, à laquelle elle vient si heureusement d'échapper, les émeutes populaires auxquelles elle a donné lieu n'ont pas été le moins funeste, et étaient peut-être le plus inévitable. En vain a-t-on mis tout en œuvre pour tromper le peuple et lui faire envisager, dans une révolution qui devait consommer sa ruine, le projet de travailler à son soulagement; en vain les coupables auteurs de ce système oppressif ont-ils avancé sans pudeur; en vain quelques échos mensongers ont-ils servilement répété qu'une répartition plus égale de l'impôt, fruit incontestable du nouveau plan, allégerait le fardeau du pauvre, en rejetant sur la tête du riche la portion qu'il doit naturellement en supporter : cet artifice était trop grossier pour produire, du moins pendant longtemps, l'effet qu'on avait osé s'en promettre. Il était impossible, qu'éclairé sur ses véritables intérêts, le peuple ne s'aperçut pas bientôt qu'en avilissant, et par une suite nécessaire, en anéantissant la haute magistrature, on n'avait d'autre but que de le priver de ses défenseurs naturels, de renverser l'unique barrière qui existât encore contre le despotisme ministériel et l'insatiable avidité du Fisc. Il était bien difficile surtout que, dans les capitales des grandes provinces, dans ces villes florissantes par les parlements dont elles sont le siège, et qui doivent à ces corps antiques leur lustre, leur population et leurs richesses, le citoyen de tout état qui voyait se fermer tout-à-coup les sources de sa fortune et de ses jouissances, l'artisan condamné désormais à une inactivité stérile, et réduit ou à périr de misère, ou à aller chercher sous un ciel étranger du travail et du pain, ne fissent pas éclater, dans quelque commotion terrible, leur douleur et leur profond désespoir. C'est, en effet, ce qui est arrivé à Rennes, à Dijon, à Pau, et plus que partout ailleurs, à Grenoble; parce que nulle part la subversion totale des fortunes, la ruine entière de la cité n'eussent été plus rapides et plus certaines. Si les deux ministres, dont l'ambition insensée a mis à deux doigts de sa perte le plus beau royaume de l'univers, n'ont pas prévu ce résultat funeste de leurs étranges opérations, quelle connaissance ont-ils eue des hommes et des choses? Que doit-on penser de leurs talents et de leurs lumières en administration? Si, au contraire, ces mouvements populaires sont entrés dans leurs combinaisons et leurs calculs, s'ils ont compté pour rien de placer ainsi dans le sein de nos principales cités un foyer d'incendie que la moindre étincelle devait développer, et dont l'explosion ne pouvait être que terrible, de soulever contre l'autorité, ou ses dépositaires et ses agents, une multitude en fureur, qui, une fois déchaînée, ne connaît plus de frein, dont les plus justes ressentiments, par les maux qu'ils entraînent, sont toujours une grande calamité; de mettre le soldat dans la fatale alternative ou de manquer à l'obéissance passive qui semble être le premier devoir de son état, ou de renoncer à l'honneur qui en est incontestablement le premier ressort; s'ils ont pu envisager de sang froid tous les désordres que des convulsions de ce genre ne peuvent manquer de produire dans le corps politique, quelle idée faut-il se former de leurs principes, et comment pourront-ils échapper au jugement redoutable qui, selon la belle expression de Pope, doit les *condamner à une éternelle renommée?* (1) L'un d'eux osait se vanter, dit-on, que dans son plan tout était prévu, tout calculé, jusqu'à la *guerre civile.* Quand l'expérience n'aurait pas prouvé que ce n'était là qu'une vaine fanfaronnade, destinée à en imposer à la multitude, et à cacher, sous un faux air d'assurance l'incertitude de ses vues et la nullité de ses moyens, je pourrais difficilement me persuader qu'un homme d'état, chargé du bonheur d'un grand peuple, eût ainsi, de gaîté de cœur, conçu le dessein d'armer ce peuple contre lui-même, de le réduire à s'abreuver de son propre sang, et à se déchirer de ses propres mains. Il en coûte bien moins de croire à une tête mal ordonnée, qu'à un cœur aussi profondément vicieux, à un renversement aussi absolu de tous les principes de la politique et de la morale.

---

(1) See Cromwell damn'd to everlasting fame!
Essay on man; épistle 4, v. 284.

Quoiqu'il en soit, témoin oculaire de ce qui s'est passé à Grenoble le 7 juin dernier, je vais le raconter dans le plus grand détail, et avec la plus scrupuleuse exactitude. Ce tableau n'a pas besoin d'être chargé pour exciter un vif intérêt, et produire sur le lecteur sensible et citoyen une forte impression.

Le vendredi 6 juin 1788, à neuf heures du soir, M. le duc de Tonnerre, commandant en chef, et M. de la Bove, intendant de la province, l'un et l'autre commissaires du roi, vinrent faire part à M. de Bérulle, premier président du Parlement, que le courrier du même jour leur avait apporté l'ordre de mettre à exécution les lettres d'exil qu'ils avaient depuis longtemps entre les mains, sous la date du 1er mai. Ils le prévinrent que le lendemain matin, il recevrait, ainsi que tous les membres de sa Compagnie, la lettre de cachet qui les exilait dans leurs terres. Ces lettres furent, en effet, distribuées depuis sept à huit heures du matin, jusque vers midi. Dès que la nouvelle en fut répandue dans la ville, la consternation devint universelle, les boutiques furent rapidement fermées, un sombre et morne silence sembla annoncer l'orage qui se formait, et qui ne tarda pas à éclater. M. le premier Président reçut, dans la matinée, la visite de tous les corps, dont les députés vinrent en larmes lui témoigner leur douleur personnelle, et être les interprètes de la désolation générale. Ce magistrat comptait partir sur les deux heures après-midi : sa voiture était prête et toute chargée au milieu de sa cour ; mais peu à peu le peuple s'attroupa, d'abord à la porte de la première présidence et dans les rues voisines, bientôt après dans la cour de l'hôtel, et enfin dans les appartements qui en furent entièrement remplis. Un cri général s'éleva que M. le premier Président ne partirait pas ; que, si ce magistrat et sa compagnie étaient une fois éloignés, la ville serait perdue ; qu'on était déterminé à employer tous les moyens pour prévenir ce malheur, etc., etc.

M. de Bérulle essaya, à diverses reprises, de faire entendre raison à cette multitude échauffée ; mais en vain lui représenta-t-il, avec autant de force que de bonté, l'inutilité et le danger d'une plus longue résistance, et l'indispensable nécessité d'obéir dans le moment aux ordres du roi, dont la justice ne tarderait pas à être éclairée. Ces représentations n'eurent aucun effet. On fit rentrer sa voiture dans la remise, où on l'enferma, et dont on prit la clef. On arrêta de même les voitures de tous les magistrats qui étaient au moment de partir, et on les conduisit de force dans la cour de la première présidence. On courut aux portes de la ville ; et malgré la garde qui y était de service, ces portes furent en un instant fermées, clouées même, et toutes les herses baissées, pour empêcher que personne ne pût sortir.

La foule grossissait toujours : la rue Neuve, dans laquelle est située l'hôtel de la première présidence, en fut bientôt remplie. Comme l'hôtel du commandement est au fond d'un cul-de-sac, aboutissant à la même rue, M. le duc de Tonnerre, instruit des mouvements du peuple, avait fait renforcer sa garde par un détachement de cent hommes.

Cependant tout se passait encore en clameurs peu dangereuses, lorsque, un peu imprudemment peut-être, on fit sortir de son poste une partie de la garde de M.

de Tonnerre, avec ordre d'écarter la populace. Dans une de ces sorties (car il y en eut plusieurs consécutives), un soldat, sans le vouloir, blessa assez grièvement, avec sa baïonnette, un vieillard de 75 ans qui ne put se retirer aussi promptement que les autres. A la vue du sang qui coulait, le peuple devint furieux et ne garda plus de ménagement. Il se mit à dépaver les rues, à monter sur les toits, et à faire pleuvoir sur les soldats qui paraissaient une grêle de tuiles et de cailloux. Les femmes, qui, pour l'observer en passant, déployèrent dans cette journée malheureusement trop célèbre, une activité, un courage, une intrépidité qu'on n'aurait jamais cru appartenir à leur sexe, les femmes, dis-je, s'emparèrent des cloches et sonnèrent le tocsin. On battit alors la générale; et, outre les patrouilles qui, depuis le matin, parcouraient, à l'ordinaire, toutes les rues, de nombreux détachements des régiments d'Austrasie et de Royal-Marine se portèrent dans les principaux postes et occupèrent les places. Bientôt après, un adjudant fut malheureusement obligé, pour sa sûreté personnelle et celle de la troupe qu'il commandait, d'ordonner de faire feu. Un citoyen fut tué sur le coup ; un enfant de dix ans eut la cuisse cassée, et mourut le soir même ; plusieurs autres furent dangereusement blessés, et un d'entre eux mourut encore quelques jours après.

Cet adjudant était du régiment Royal-la-Marine : il fut d'abord universellement blâmé. On lui fit un crime impardonnable d'avoir ainsi donné le premier signal du meurtre et du carnage. La multitude irritée demanda sa tête à grands cris, et enveloppa même bientôt dans cette proscription tout le corps auquel il appartenait. Trop animée pour être capable de réflexion et de justice, elle ignora ou ne considéra pas que cet officier ne s'était porté à cette extrémité terrible, qu'après y avoir été inévitablement forcé par le danger de sa position et le soin de sa propre défense. Il était à la tête d'une patrouille composée seulement de quatre hommes. Provoqué, pressé, poursuivi par une populace furieuse, dont les excès ne connaissaient plus de bornes, assailli de pierres qui volaient sur lui de toutes parts, ne pouvant échapper à la mort, qu'en commençant lui-même par la donner, il se vit dans la cruelle nécessité de repousser la violence par la violence, et d'user du droit que la nature a donné à tous les hommes de défendre leur existence, lorsqu'elle est évidemment en péril. Tout le mal vint de ces petites bandes de quatre à cinq soldats, dispersées çà et là, incapables, par conséquent, d'en imposer à la multitude. Il fallait ce que l'état de la garnison rendait très facile, n'opposer au peuple que des corps de troupes considérables, pour lui ôter l'espérance et jusqu'à l'idée de les forcer : il aurait été vraisemblablement contenu, et le sang n'aurait pas coulé; mais on se contenta, dans les premiers moments du moins, des patrouilles que, depuis le 10 mai, on ajoutait régulièrement aux gardes ordinaires sans considérer que si jusqu'alors le petit nombre d'hommes dont elles étaient composées avait été plus que suffisant, ne pas les renforcer dans cette circonstance, c'était les exposer, et les mettre, par conséquent, dans la nécessité de se défendre. Quoiqu'il en soit, le régiment Royal-la-Marine les avait, ce jour-là, toutes fournies, parce qu'il était seul de service, le faisant alternativement de semaine en semaine, avec celui d'Austrasie. Voilà pourquoi il fut plutôt et plus souvent dans le cas de tirer, que ce dernier régiment, qui, sorti en ordre de bataille de ses quartiers, ne se montra que par détachements nombreux, et en grosses masses. Au reste, ces deux corps se conduisirent avec la même sagesse, la même modération, et acquirent l'un et l'autre, dans ce jour funeste, des droits immortels à la reconnaissance de tous les citoyens.

Le sang qui venait d'être versé, loin d'apaiser la fermentation, ne fit que l'augmenter. Un grand nombre de soldats, quelques officiers même, plus ou moins blessés, en ressentirent les effets. On ne peut, sans injustice, passer sous silence la conduite pleine d'humanité et de patriotisme que tint dans cette circonstance M. de Boissieu, lieutenant-colonel d'Austrasie. Son action, vraiment héroïque, lui mérita l'admiration et la reconnaissance du peuple même, que sa fureur semblait rendre inaccessible à tout autre sentiment. Ce brave officier marchait à la tête des grenadiers de son régiment, pour tâcher d'arrêter le désordre et de prévenir de plus grands malheurs. Un coup de pierre l'atteint à la tête, lui fait une blessure considérable et inonde son visage de sang. Ses soldats furieux brûlent de le venger, et s'apprêtent à immoler plus d'une victime à leur ressentiment, M. de Boissieu les arrête, les contient, leur crie que ces malheureux sont leurs concitoyens, sont leurs frères ; qu'un instant de délire égare leur raison, mais qu'ils n'en sont que plus à plaindre ; que sa blessure à lui n'est rien, et que, fût-elle infiniment plus dangereuse, il s'estimerait trop heureux que son sang fut le seul destiné à couler dans cette fatale journée. Quelque animés que fussent les soldats qu'il haranguait, des sentiments si nobles firent sur eux une profonde impression. Ils réprimèrent leurs premiers mouvements, et M. de Boissieu eut la gloire et

la douce satisfaction d'empêcher que ce jour, déjà si désastreux, ne fût marqué par des évènements encore plus
déplorables.

M. de Chalup, major du même régiment, reçut aussi
plusieurs contusions, et ne montra pas moins de modération et de générosité.

Les choses, cependant, en vinrent bientôt au point
que M. le duc de Tonnerre, voyant l'impossibilité absolue
de mettre ses ordres à exécution, pria M. le premier
Président, par une lettre, dont M. le comte de La Tour-
du-Pin-Paulin fut porteur, de suspendre son départ,
et d'autoriser les magistrats qui étaient encore dans la
ville, à en faire de même jusqu'à nouvel ordre. Il ajoutait
qu'il allait faire partir un courrier, pour rendre à la Cour
un compte exact de ce qui s'était passé. Les troupes reçurent, en même temps, ordre de rentrer dans leurs
quartiers, et on renvoya même le détachement de cent
hommes dont on avait grossi la garde de M. de Tonnerre. Celui-ci était dans son hôtel, avec M. de la Bove,
l'un et l'autre peu tranquilles sur les suites de cet événement.

L'ordre de surséance ayant été remis à M. le premier
Président, M. de Paulin, qui l'avait apporté, proposa,
de la part de M. le duc de Tonnerre, d'en faire lecture
au peuple, toujours rassemblé en foule dans l'hôtel,
pour tâcher de calmer les esprits. Ce moyen ne réussit
qu'à un certain point : la fermentation changea d'objet,
mais sans en devenir ni moins considérable, ni moins
dangereuse. Le peuple, assuré par la lecture qui venait
de lui être faite, que les lettres d'exil demeureraient,
pour le moment du moins, sans exécution, demanda
que les clefs du Palais fussent rendues, et les troupes

qui en gardaient les portes, renvoyées. Les représentations multipliées de M. le premier Président ne purent
l'empêcher de persister dans cette demande, faite d'un
ton à persuader qu'il était déterminé à employer les
moyens les plus extrêmes pour en assurer l'effet. En
conséquence, M. le duc de Tonnerre envoya ordre au
concierge du palais d'en rendre les clefs, et à la garde qui
en défendait l'entrée de se retirer sur le champ. Les clefs
furent apportées à M. de Bérulle par un de ses gens,
muni de l'ordre de M. de Tonnerre, et qui fut ramené
en triomphe et porté à dos d'homme. M. de Bérulle
montra ces clefs au peuple; mais les esprits étaient encore trop échauffés pour se calmer aussi promptement.
On avait forcé, dans l'intervalle, la garde de M. de Tonnerre. On avait pénétré dans une partie de son hôtel
en en brisant les portes, et quelques dégâts déjà commis dans les premières pièces, semblaient annoncer
que cette populace tumultueuse ne bornerait pas là
ses excès. Les habitants des campagnes, appelés par
le tocsin qui ne cessait de sonner, étaient accourus au
nombre de plusieurs mille, la plupart en armes, et,
trouvant les portes de la ville fermées, avaient cherché
à escalader les remparts; ils y avaient fait brèche du
côté de l'hôtel du commandant, que d'autres atta-
quaient en même temps à coups de fusils, de dessus
le glacis et le chemin couvert. Une partie d'une poterne
murée, attenante à la grande porte de Très-Cloîtres,
avait été démolie. La vie, enfin, de M. de Tonnerre
n'était pas en sûreté; et M. de Frimont, maréchal de
camp, divisionnaire, se hâta de venir lui-même chez
M. de Bérulle pour l'en informer. Celui-ci continuait
à se donner tous les mouvements possibles pour di-

minuer la fermentation ; mais au milieu d'une multitude effrénée, dont les cris tumultueux étouffaient sa voix, il ne pouvait parvenir à se faire écouter; ses représentations, ses prières, ses menaces, tout demeurait sans effet.

Le Conseil municipal s'était assemblé à l'Hôtel-de-Ville, dès les premiers moments de l'émeute, et ne cessait de s'occuper des moyens propres à en arrêter les progrès. Tandis qu'il délibérait sur cet objet important, MM. le marquis de Chambord, colonel-commandant ; de Boissieu, lieutenant-colonel, et de Chalup, major du régiment d'Austrasie, entrèrent dans l'assemblée, pour prendre, de concert avec elle, les mêmes mesures. Le Conseil s'empressa de leur témoigner toute sa reconnaissance, de la sagesse avec laquelle les troupes s'étaient conduites. Ils prièrent ensuite les consuls de se transporter, revêtus de leurs chaperons, à l'hôtel du commandement, pour faire au peuple les remontrances convenables, et empêcher qu'il ne portât ses excès plus loin. En conséquence, MM. de Mayen, Revol et La Forêt, premier, second et troisième consuls (le quatrième, M. Botut, étant alors absent de la ville), se rendirent chez M. le duc de Tonnerre, à travers une foule immense, qu'ils trouvèrent occupée à enfoncer les portes extérieures de la cour du commandement. Leurs efforts pour arrêter cette violence furent sans succès : repoussés, dépouillés de leurs chaperons, ils ne purent, après que ce premier portail eut été brisé, que traverser, avec beaucoup de peine, la cour inondée de peuple, pour se placer au-devant de la porte d'entrée de l'hôtel. Là, ils trouvèrent M. le duc de Tonnerre, le lieutenant du roi et plusieurs autres officiers. Ils se réunirent à eux pour con-

tenir la multitude, par des invitations et des prières;
mais le commandant et sa suite furent bientôt obligés
de se retirer et de fermer cette porte, que les consuls
ne purent garantir d'être également enfoncée. M. Allemand-Dulauron, procureur du roi à l'Hôtel de Ville et
au siège de police, parcourait en même temps, avec
une activité et un zèle infatigables, les différents quartiers de la ville, où, malgré son crédit sur l'esprit du
peuple, ses soins pour rétablir l'ordre et la tranquillité
n'étaient pas plus heureux.

Dans ce moment de crise, qui, pour peu qu'il se fût
prolongé, aurait entraîné inévitablement les plus grands
désordres, et peut-être la ruine et l'entière destruction
de la cité, M. le duc de Clermont-Tonnerre crut devoir
prier, par une lettre pressante, M. le premier Président,
de se rendre en robe au palais, accompagné de tous
les membres de sa compagnie qu'il pourrait ras-
sembler.

Le danger qui devenait à chaque minute plus pres-
sant, les cris redoublés de la multitude, les vives instances de toutes les personnes considérables, qui se
trouvaient alors dans la ville, ne permirent pas à M. de
Bérulle de se refuser à cette invitation; il convoqua
quinze à vingt magistrats, dont plusieurs, enlevés de
force par le peuple, dans leurs propres maisons, furent
conduits à la première présidence; là, ils jetèrent à la
hâte une robe sur leurs habits de voyage, et une foule
innombrable les mena, j'ai presque dit, les porta, en
triomphe au palais, au milieu des cris de joie, des acclamations, des battements de mains universels. Pendant
le court intervalle qu'ils y passèrent, le peuple mit le feu
à un bûcher qu'il venait de préparer sur la place du

palais, et sonna, en signe de réjouissance, les cloches des principales églises.

M. de Bérulle, après avoir, à la tête et au nom du Parlement, exhorté de nouveau le peuple à se séparer et à rentrer dans l'ordre, revint, avec tous les magistrats, à l'hôtel de la première présidence, toujours accompagné du même cortège. Un procès-verbal des évènements du jour y fut rédigé et envoyé le même soir aux ministres, par le courrier de M. le duc de Tonnerre.

Ce courrier devait partir dans l'après-dinée, de très bonne heure, et il était venu à la première présidence prendre les dépêches de M. de Bérulle; mais le peuple dont la défiance et les craintes étaient extrêmes, s'opposa constamment à son départ, et voulait, avant tout, connaître par lui-même le contenu de ses paquets. Ce ne fut qu'à la faveur des ténèbres, et au moyen des précautions que prirent les consuls qu'il put enfin sortir de la ville.

Il fut chargé d'un second procès-verbal, dressé par les officiers municipaux, ainsi que de deux lettres qu'ils écrivirent à M. l'Archevêque de Sens et à M. le comte de Brienne, ministre de la province.

Dans sa marche, le Parlement fut couvert de fleurs qu'on lui jetait de toutes les fenêtres. On avait préparé pour M. de Bérulle une couronne de roses et de lauriers, qu'on voulut lui mettre sur la tête au moment où il sortait de son hôtel. Il fut obligé, pour s'en défendre, de l'arracher des mains de celui qui la tenait. On voulait également le traîner à bras d'hommes dans une voiture, où il refusa constamment de monter. Après son retour chez lui, la fermentation diminua peu à peu. Le Conseil municipal avait engagé les syndics de tous les corps à se joindre à lui pour rétablir la tranquillité; et leurs soins réunis avaient commencé à produire l'effet qu'on en avait attendu.

Pour y concourir plus efficacement encore, M. le duc de Tonnerre, de concert avec le Parlement, donna ordre aux officiers de la milice bourgeoise de faire prendre les armes à leurs compagnies; d'en former des patrouilles, qui ne cessèrent, pendant la nuit, de parcourir tous les quartiers de la ville, et d'en mettre un détachement à la porte de M. le premier Président. Celles des autres membres du Parlement furent également gardées par des surveillants, que le peuple y plaça lui-même. Il n'en fallait pas moins pour le rassurer contre la crainte qu'il avait toujours qu'on ne l'eût trompé et qu'on ne voulût, dans le silence de la nuit, lui enlever des magistrats devenus, plus que jamais, l'objet de l'amour, de la vénération et de la reconnaissance universelle. M. de Bérulle reçut, dans cette journée orageuse, les témoignages les plus multipliés et les moins équivoques des mêmes sentiments. Elle fut pour lui et à beaucoup d'égards, bien fatigante, bien triste, bien douloureuse; mais, sous un autre rapport, il ne peut y en avoir de plus belle. Après quinze heures passées dans un trouble, une agitation, des alarmes continuelles, vers le minuit, une scène d'un autre genre lui arracha des larmes de sensibilité et de reconnaissance. Le sieur Lisis et la demoiselle Masson, comédiens distingués dans leur art, conduits par un grand nombre de personnes, vinrent, sous les fenêtres de la première présidence, chanter, avec la plus touchante expression, ce beau morceau d'Iphigénie, dont l'application ne pouvait certainement être plus heureuse :

Que j'aime à voir ces hommages flatteurs
Qu'ici l'on s'empresse à vous rendre!
Ah! pour une âme tendre,
Que ce spectacle a de douceurs!

Au moyen des patrouilles bourgeoises, du soin qu'eurent plusieurs magistrats de se mettre, en quelque sorte, à leur tête pour calmer les esprits et prévenir de nouveaux désordres, des mouvements que se donnèrent, pour le même sujet, tous les membres du Conseil municipal dans leurs quartiers respectifs, la nuit se passa sans événement fâcheux, et le lendemain 8, l'ordre, sans être encore entièrement rétabli, commença à renaître. La garde placée à la porte de M. le premier Président, et l'attention qu'on eut de joindre des détachements de la même troupe aux soldats de la garnison, de service à chaque poste, produisirent le plus grand effet. Le peuple ne se voyant plus gardé, en quelque sorte, que par lui-même, cessa peu à peu de s'agiter ; il parut, il est vrai, à deux ou trois reprises, vouloir se livrer de nouveau aux mouvements convulsifs, qui avaient failli la veille avoir des suites si funestes. Il se porta au palais épiscopal et à la citadelle, où loge M. le marquis de Marcieu, commandant en second, qui, depuis deux ou trois jours, était dans son château du Touvet, à quatre lieues de Grenoble. Le tocsin recommença à sonner: on craignit un instant que le feu qu'on avait eu tant de peine à arrêter ne se rallumât avec plus de force que jamais, et ne finît par produire un véritable incendie.

Heureusement la vigilance et l'infatigable activité des officiers municipaux, les soins que se donnèrent, sans interruption, les magistrats et tous ceux qui, par leur place ou leur considération personnelle, pouvaient avoir quelque influence sur la multitude, parvinrent à étouffer ce nouveau genre de fermentation. Le soir même, le calme et la tranquillité furent rétablis dans tous les quartiers de la ville, et depuis ils n'ont plus été troublés.

Le même jour, le Conseil municipal députa les consuls auprès de M. le premier Président, pour le supplier, lui et sa Compagnie, de se rendre aux vœux du peuple et à l'invitation de M. le duc de Tonnerre, en différant, jusqu'à de nouveaux ordres de la Cour, de quitter une ville où leur séjour pouvait seul maintenir le calme et la paix. La même députation fut envoyée à M. le duc de Tonnerre et à M. de la Bove, avec prière de concourir, par leurs représentations auprès des ministres, à obtenir du roi la révocation de l'ordre fatal, dont l'exécution avait failli causer la ruine entière d'une des principales villes de son royaume.

On ne peut refuser à M. le duc de Tonnerre la justice qu'il se conduisit, dans cette circonstance critique, avec beaucoup de modération et d'humanité. Forcé dans son hôtel, assailli par une populace en fureur, ayant même vu, à ce qu'on assure, une hache levée sur lui, il se refusa constamment à donner des ordres rigoureux et ne balança pas à prendre sur lui de suspendre l'exécution de ceux dont il était chargé, quelque précis qu'ils fussent, au hasard d'encourir le blâme et d'essuyer les reproches des ministres.

La milice bourgeoise continua de monter la garde à la porte de la première présidence jusqu'au jeudi 12 ; et ce jour-là même, M. de Bérulle et tous les magistrats de sa Compagnie, se voyant plus libres et moins surveillés, sortirent secrètement de la ville, sur les onze heures du soir, pour se rendre chacun au lieu de son exil.

V

DÉLIBÉRATION DE LA VILLE DE GRENOBLE, DU SAMEDI 14 JUIN 1788, A L'HOTEL DE VILLE DE GRENOBLE, SUR LES DIX HEURES DU MATIN

E Conseil général de la ville de Grenoble, convoqué et assemblé aux formes ordinaires, où se sont trouvés plusieurs membres du clergé et de la noblesse, ensuite de l'invitation qui leur a été faite, en exécution de la délibération du jour d'hier :

PRÉSENTS ET SIGNATAIRES :

MM.

De Mayen, *premier consul.*
Revol, *deuxième consul.*

MM.

Laforest, *troisième consul.*
Allemand-Dulauron, *procur. du roi.*

CLERGÉ

MM.

Barthélemy, *député de la Cathédrale*
Savoye, *id.*
Brunel de Vence, *chanoines*
D'Oriac, *du*
Anglès, *même chapitre.*

MM.

De Légalière, *député de la Collégiale*
Hélie, *curé de Saint-Hugues.*
Lemaistre, *curé de Saint-Laurent.*
Sadin, *curé de Saint-Louis.*

NOBLESSE

MM.

Le baron des Adrets, *ancien syndic de la noblesse.*
Le marquis de Bellafaire.
Le baron de Venterol.
Le comte de Bally, *maréchal de camp.*
Le comte de Revigliasc-de-Veynes.
Le comte de Brizon.
Le marquis de Montauban.
Le marquis de la Valette.
Le baron de Ponat.
De Longpra de Fiquet.
Le comte de Vallier.
Le comte de Morges.
Le marquis de Veynes.
Le comte de Baronnat.
Le marquis de Saint-Disdier.
Le chevalier de l'Argentière.

MM.

Le chevalier de Pisançon.
Le chevalier de Morges.
Le baron de Gilliers.
Le marquis de Plan de Siéyès.
Le vicomte de Galbert.
Le marquis de Chatelard.
De Saint-Ours de l'Echaillon.
De Delley d'Agier.
De Chalvet.
Le chevalier de Saint-Vallier.
Le chevalier de Pina.
Le chevalier de Dolomieu.
De Galbert.
Le comte d'Agoult.
De Charancy.
De Rivole.
Le chevalier de Pisançon.
Le comte de Saint-Vallier.

AVOCATS

MM.

Piat-Desvial.
Savoye.
Dumas.
Chenevas.
Revol.
Farconnet.
Barnave.
Bernard.

MM.

Froment.
Perrotin.
Duchesne.
Pison.
Bertrand.
Joly.
Didier.
Imbert des Granges.

Mounier, *juge royal de Grenoble.*

MÉDECINS

M. Gagnon. | M. Duchadoz.

PROCUREURS AU PARLEMENT

MM.   MM.
Borel.   Robert.
Dubois.   Cret.
Sorel.

NOTAIRES

MM.   M.
Toscan.   Veyret.
Giroud.

PROCUREURS AU BAILLIAGE

M. Dubertin.   M. Bon.

BOURGEOIS

MM.   MM.
Dupuy, *lieutenant-colonel de la*   Cotton, *trésorier de la Ville.*
    milice bourgeoise.   Reynier.
Balmet.   Roux.

SYNDIC GÉNÉRAL DU COMMERCE

M. Botut.

SYNDICS ET NOTABLES DE DIFFÉRENTS CORPS

MM.   MM.
Bilon.   Ferrouillat.
Bretton.   Laville.
Pascal, Buscoz et Vallier frères.   Blanc.
Brette.   Dolle, l'aîné.

MM.

Mounier.
Périer-la-Grange.
Delange.
Perrier, Berlioz, Rey et Cᵉ.
Michal.
Bernard.

MM.

Ollagnier.
Rivet.
Dolle, oncle.
Roche.
Rubichon.
Ville.

·Il a été représenté que la présente Assemblée a été convoquée pour concourir, par son zèle et ses lumières, aux nouvelles supplications et représentations qu'il est urgent d'adresser à Sa Majesté pour obtenir de sa justice la conservation des privilèges de la Province, le rétablissement de l'ordre ancien et pourvoir aux besoins des habitants que les circonstances ont réduits à l'indigence.

L'Assemblée, considérant que les maux qui affligent le Royaume, et la Province en particulier, ont pour cause la promulgation illégale et effrayante des nouveaux Edits et Ordonnances, transcrits à main armée sur les registres de divers parlements :

Que ces mêmes lois tendent visiblement à la subversion de l'Etat et constitution monarchique ;

Que la Nation Française, non plus qu'aucune de ses provinces, ne peut être privée de son droit actuel, et toujours subsistant, de représentations immédiates auprès du souverain, et bien moins celle de Dauphiné, qui a en sa faveur les lois et les concordats les plus positifs ;

Que porter atteinte à ces lois, c'est ébranler les fondements de l'état social, qui repose tout entier sur la foi des contrats et la religion des serments ;

Que l'impôt ne peut être légalement établi que par le consentement des peuples réunis en assemblée nationale, par représentants librement élus ; seul moyen d'exprimer leurs vœux et leurs doléances, et de subvenir aux besoins de l'Etat, par les voies les moins onéreuses ;

Que les nouveaux tribunaux substitués aux Parlements du Royaume, dans le moment même où ils réclamaient l'assemblée générale de la nation, n'ont été et n'ont pu être envisagés que comme les instruments du despotisme, pour multiplier arbitrairement les impôts et étouffer toute espèce de représentations ;

Que la suppression des bureaux des finances et autres juridictions porte une atteinte directe aux droits de propriété, et détruit la foi publique ;

Que l'exil du Parlement a achevé de jeter la consternation et la terreur ;

Que la fermentation qui agite les diverses provinces du royaume, et qui a failli être funeste à cette capitale, n'a d'autres causes que l'atteinte portée à la constitution de l'Etat ; la misère subite et profonde où le peuple, privé de travail et de subsistance par l'exil des magistrats et l'émigration des habitants, se trouve plongé;

Qu'il est instant de pourvoir à cet état critique ;

Que pendant l'interruption des Etats et la dispersion des cours souveraines cet office ne peut être rempli que par les citoyens réunis dans les municipalités :

A arrêté et délibéré unanimement de supplier Sa Majesté de vouloir bien retirer les nouveaux édits ;

Rendre à la province ses magistrats, et les réintégrer dans la plénitude de leurs fonctions ;

Permettre la convocation des Etats particuliers de la province, en y appelant les membres du Tiers-Etat, en nombre égal à celui des membres du Clergé et de la Noblesse réunis, et par voie d'élection libre ;

Convoquer les Etats-Généraux du royaume à l'effet de remédier aux maux de la Nation ;

Adhérant aux motifs et principes des arrêts du Parlement, des 9 et 20 mai dernier, et au vœu universel, l'assemblée tient pour traîtres à la Patrie et infâmes, ceux qui pourraient prendre place dans les nouveaux tribunaux et y concourir de ministère par leur postulation ou autrement ;

A ouvert une souscription pour subvenir aux besoins des habitants, que les circonstances présentes réduisent à l'indigence, dont le produit sera remis à M. Dumas, avocat, prié et député à cet effet, sera proportionnellement divisé entre les diverses paroisses de cette ville, et distribué par MM. les Curés, conjointement avec

M. Dumas et un de MM. les Consuls, sur les rôles qu'ils arrêteront.

Au surplus, il a été délibéré d'inviter les trois ordres des différentes villes et bourgs de la province, d'envoyer des députés en cette ville, pour assister à une nouvelle assemblée qui leur sera indiquée, pour délibérer ultérieurement sur les droits et intérêts de la province et réunir leurs supplications auprès de Sa Majesté ; à l'effet de quoi il leur sera adressé des extraits en forme de la présente délibération ; de laquelle il sera également ment remis des extraits à M. le duc de Tonnerre et à M. l'Intendant, avec prière de la faire parvenir au Roi.

Et ont MM. les Délibérants signé.

VI

DÉLIBÉRATION DE LA VILLE DE ROMANS, DU LUNDI 16 JUIN 1788, ASSEMBLÉE EXTRAORDINAIRE DES NOTABLES DE LA VILLE DE ROMANS, CONVOQUÉE AUX FORMES ORDINAIRES, OU SE SONT TROUVÉS PLUSIEURS MEMBRES DE MM. DU CLERGÉ, DE LA NOBLESSE, ET AUTRES NOTABLES CITOYENS, ENSUITE DE L'INVITATION QUI LEUR A ÉTÉ FAITE.

MESSIEURS les Officiers municipaux ayant reçu ce jourd'hui de MM. les Consuls de Grenoble un extrait de la délibé-. tion prise par cette dernière ville, en Conseil général, le quatorze de ce mois, ils ont convoqué la présente assemblée, pour lui faire part des objets que renferme ladite délibération.

M. de Delay-d'Agier, maire, a dit :

Messieurs,

Vous connaissez les désastres qui ont arrêté l'exécution des ordres du roi, dans la ville de Grenoble.

Le récit de ce qui s'est passé a dû porter dans vos cœurs le déchirement et les alarmes : le sang a coulé, vous le savez, Messieurs ; mais savez-vous que, sans la générosité de M. le duc de Tonnerre, la circonspection du Parlement et la sollicitude de l'Hôtel de Ville, des milliers de citoyens, égorgés par leurs frères, eussent rendu à jamais mémorable cette affreuse journée ?

Ces désordres n'ont point été l'effet d'un effroi concentré dans la seule ville de Grenoble ; toute la province qui partageoit ses alarmes, pouvoit encore partager ses malheurs ; on pouvoit craindre de les voir se renouveler dans la capitale et se propager au loin, si, par le moyen le plus franc, le plus noble qui fut en sa puissance, cette capitale ne se fut hâtée de donner un grand exemple : moyen précieux, le seul peut-être capable de rassurer le peuple, qui pouvoit pousser le désespoir jusqu'à n'espérer plus rien de la justice même de son roi.

La ville de Grenoble, dans sa délibération dont on vient de vous faire lecture, vous invite, ainsi que toutes les villes et bourgs, à vous joindre à elle par l'envoi de députés, pour former dans son sein une assemblée qui doit réunir les vœux de la province.

Cette invitation dirige et rassemble dans un même centre nos réclamations trop isolées.

A cette invitation touchante, à ce cri de l'intérêt public, un noble enthousiasme doit se réveiller dans nos cœurs.

Ce nom si cher, ce nom sacré de patrie va donc reprendre toute sa force.

C'est dans ce sentiment que nous puiserons les ressources qui savent franchir les obstacles et les distances: le roi nous entendra.

Il éloignera de nous les innovations qui bouleversoient notre constitution et feroient dégénérer en état despotique cet empire fortuné dont le nom seul rappelle à la douce liberté.

Il sauvera nos propriétés des déprédations inouïes dont elles sont la proie.

Nous pourrons nous livrer à l'espoir de ces assemblées générales et particulières qui, seules, ont droit d'octroyer des impôts.

Sous l'égide des lois, nous jouirons en paix de la liberté et de la vie; deux biens assez importants pour n'être pas livrés aux caprice des hommes.

Tels sont, Messieurs, les f.. 's que doit produire l'amour de la patrie; livrez-vous au zèle pur qu'il inspire ; choisissez, dès aujourd'hui, ceux de vos concitoyens qui doivent concourir à ce grand projet. Heureux celui qui se trouvera digne de partager d'aussi nobles fonctions !

Lecture faite de la délibération, l'assemblée animée du même esprit, fidèle aux mêmes principes, pénétrée des mêmes craintes que la ville de Grenoble, a délibéré unanimement qu'elle adhère de cœur et de fait à tous les chefs contenus dans ladite délibération ; et pour répondre à ses intentions, elle a nommé pour député du clergé messire Joseph-Emmanuel de Suel, chanoine-syndic du chapitre de Saint-Barnard, vicaire-général de Senez ; pour député de la noblesse, messire Charles-Ferdinand, baron de Gilliers, capitaine de cavalerie ; et pour députés du Tiers-Etat, MM. Claude-Pierre de Delay d'Agier, écuyer, maire de cette ville, et Claude-Charles de la Cour d'Ambésieux, avocat au Parlement ; lesquels l'assemblée a expressément chargés de témoigner la sensible reconnaissance à MM. de Grenoble de la marque honorable de confiance que le Conseil général a bien voulu donner à cette ville en lui adressant un extrait de sa délibération.

Au surplus, il a été arrêté que le discours rempli de patriotisme, prononcé en la présente assemblée par M. le Maire, et la délibération prise en Conseil général de la ville de Grenoble, seront transcrits à la suite de cette délibération; et ont les délibérants, signé.

OFFICIERS MUNICIPAUX

De Delay d'Agier, maire; Mortillet, 1er échevin; Le Gentil, 2me échevin; Seyvon, 3me échevin; Pascal, 4me échevin.

CLERGÉ

Bouvier-Desmarest, chanoine théologal, sacristain du chapitre; Duport-Roux, chanoine, maître de chœur du chapitre; De la Cour, chanoine et grand chantre; Duclot, chanoine; Suel, chanoine, syndic, vicaire-général; Enfantin de Saint-Prix, chanoine; Legentil, chanoine-précenteur; Chevalier, chanoine; Guillermet, chanoine-clavier; Jobert, chanoine; Baussan, prêtre, sous-capiscol; Peyronnier, curé de Saint-Barnard; De la Cour, curé de Saint-Romain; Anselme, prêtre et recteur de l'hôpital; Sablière, chanoine.

NOBLESSE

De Peyrins, Servan, Louis-Amédée de Gillers, Grand, De Chatal de Seillac, Chatal de Grand'Maison.

AVOCATS

Dochier, Thomé, De la Cour d'Ambézieux, Belland, Blain, Giraud aîné, Legentil fils, Lambert-du-Gout, Dochier, Enfantin, Mortillet fils, Fayolle.

MÉDECINS

Massot, Antelme.

BOURGEOIS

Faure, Bon le cadet, Clément-Latourdière, Portier, Charvet, Badou, Reynier.

PROCUREURS, NOTAIRES

Dochier, Bochard, François, Thomé, Lombard, Delacour l'aîné, Chevalier, Roux, Savoye, Didier, Biscarrat, Duret, Delacour, Fayol.

NÉGOCIANTS ET MARCHANDS

Vernet, Chabert, Borel, Thomé, Ramel, Nugues père, Nugues l'aîné, Delolle, Rambert, Bonnardel, Savarin, Giraud fils cadet, Baussan, Dumas, Larchevêque, Belle, Johannys, Durand, Bodin, Rochas aîné, Allier, Châtain, Arnaud, orfèvre; Royannès, Galland, Colin, Begot, Andrieu-Delaverniolle, Meynier fils, Mante, Tourrasse, Boissieux, Genton, orfèvre; Fournier, Bignol, Rambaud, Chandon, Lozier fils, Allier, Castalin, Jullien, Lozier, Camboli, Miard, Chapot, Gleynat, Bellon, Rollet, Gerin, Mallen, Perrossier, Mallen aîné, Victor Rollet, Pascal, Linas, Johannys, maître en chirurgie; Combe, Bon-Presle, Bochard, secrétaire-greffier.

VII

DÉLIBÉRATION DE LA VILLE DE GRENOBLE RELATIVE A L'ARRÊT DU CONSEIL D'ÉTAT DU 20 JUIN 1788

Du mardi huit juillet mil sept cent quatre-vingt-huit, dans l'Hôtel de Ville de Grenoble, sur les neuf heures du matin, le Conseil général de la ville assemblé aux formes ordinaires, ensuite de la prorogation du jour d'hier, où étoient présents :
MM.

Laforest, *troisième consul* ;

Savoye, *lieutenant-général de police* ;

Bottut, *consul* ;

Allemand-Dulauron, *procureur du roi* ;

Barthelemy, Savoye, *députés de la Cathédrale* ;

Michon, de Légalière, *députés de la Collégiale* ;

Perrard, Bertrand, Farconnet, *avocats* ;

Dubois, *procureur de la Ville* ;

Cret, *procureur en la Cour* ;

Dubertin, *procureur au bailliage* ;

Cotton, *trésorier de la Ville* ;

Balmet, *bourgeois* ;

Rubichon, *négociant*.

Lecture faite de l'arrêt du Conseil, du 20 juin dernier, la matière mise en délibération.

Le Conseil, considérant que l'arrêt dont il s'agit ne peut être regardé, dans ses dispositions, comme l'expression de la volonté du Souverain, puisqu'il ne contient que la répétition des principes des Edits, par lesquels on a voulu renverser la constitution de la Monarchie et anéantir les privilèges des provinces; que cet arrêt est illégal, puisqu'il n'est revêtu d'aucune des formes prescrites par les Ordonnances du Royaume, et notamment par celles qui sont locales à cette province; considérant enfin que plusieurs assertions insidieuses, par lesquelles il semble qu'on ait voulu rassurer la nation alarmée, sont cependant encore destructives de ses droits les plus précieux.

A été unanimement délibéré que des sujets respectueux, aussi fidèles à leur roi que fortement attachés à leur constitution, ne peuvent ni ne doivent cesser de prendre tous les moyens possibles de se réunir pour lui faire parvenir leurs justes réclamations; que ce devoir de la part des Municipalités et des différents Ordres est aujourd'hui plus impérieux et plus sacré que jamais; puisque, outre le malheur d'être blâmés d'avoir osé faire entendre une faible voix, on a porté l'excès jusqu'à attaquer leur fidélité; reproche d'autant plus affligeant pour des Français, qu'il n'en est aucun qui ne fût prêt à faire le sacrifice de sa vie plutôt que d'encourir un instant la disgrâce de son Souverain; que des défenses et des menaces illégales et injustes, ne peuvent ni ne doivent réduire à un silence coupable, et retarder l'effet des délibérations qui ont été prises; que les Dauphinois ayant, par leur constitution, le droit de s'assembler dans les affaires importantes, ce seroit se rendre traîtres envers le Roi et la Nation, de ne pas redoubler de zèle et de patriotisme; qu'en conséquence les délibérations des 14 juin dernier et 2 du présent mois seront exécutées; et que pour prouver aux différentes municipalités que celle de Grenoble partage leur amour pour le roi et leur attachement pour la conservation de nos privilèges, il leur sera envoyé copie de la présente; et ont MM. du Conseil signé.

VIII

LETTRE DE MM. DU CLERGÉ, DE LA NOBLESSE ET AUTRES NOTABLES CITOYENS DE GRENOBLE AU ROI

Du mercredi deux juillet mil sept cent quatre-vingt-huit, à trois heures de relevée, dans l'Hôtel de Ville de Grenoble, le Conseil général de la Ville assemblé aux formes ordinaires, ensuite de la prorogation portée par les délibérations des 30 juin dernier et premier de ce mois, où ont été présents :

MM.

Laforest, *troisième consul ;*

Savoye, *lieutenant-général de police ;*

Bottut, *consul ;*

Allemand-Dulauron, *procureur du roi de la Ville ;*

Barthélemy, Savoye, *députés de la Cathédrale ;*

Michon, de Légalière, *députés de la Collégiale ;*

Le vicomte de Bardonnanche, *syndic de la Noblesse ;*

Le Maître, *avocat de la Ville ;*

Perrard, Bertrand, Farconnet, *avocats ;*

Dubois, *procureur de la Ville ;*

Sorrel, Cret, *procureurs au Parlement ;*

Dubertin, *procureur du bailliage ;*

Cotton, *trésorier de la Ville ;*

Balmet, Rubichon, Dolle, *négociants ;*

A été proposé par M. Laforest, troisième consul, de faire lecture des Mémoires qui ont été arrêtés dans les précédentes assemblées, à l'occasion des ordres du roi qui ont mandé, à la suite de la Cour, MM. de Mayen et Revol, premier et second consuls, à l'effet de délibérer ce qu'il écherra; ainsi que sur les ordres dont en la délibération du jour d'hier, et ceux adressés aux Consuls par M. le duc de Tonnerre le même jour, desquels il a été fait lecture.

Dans l'instant où le conseil commençoit à s'occuper des objets ci-dessus, plusieurs membres du Clergé, de la Noblesse et autres notables citoyens sont survenus; lesquels ont requis la représentation des registres pour y déposer une lettre de supplication à Sa Majesté sur les circonstances présentes ; laquelle lettre ils ont remise sur le bureau. Comme aussi pour y déposer leurs vœux que l'assemblée des Trois Ordres de la province, proposée par la délibération du 14 juin dernier, soit convoquée au 21 de ce mois ; se chargeant eux-mêmes d'en donner les avis nécessaires.

MM. Laforest et Bottut, troisième et quatrième consuls, se sont retirés, ensuite des ordres qu'ils ont dit avoir reçus de M. le duc de Tonnerre; chaque membre du Conseil s'est réuni et a pris place dans son ordre.

Le registre représenté, la lettre lue, approuvée et signée, l'assemblée a arrêté de l'adresser à M. le principal Ministre, avec prière de la mettre sous les yeux de Sa Majesté, à Monsieur et Monseigneur comte d'Artois, frères du roi, et à Monseigneur le duc d'Orléans, gouverneur de la province.

Au surplus, qu'en exécution de la délibération du 14 juin, l'assemblée générale des municipalités est indiquée au lundi 21 du présent mois de juillet, à deux heures de relevée, et chaque délibérant s'est chargé d'en faire parvenir les avis nécessaires, lesquels délibérants qui ont signé, sans distinction de préséance dans chaque ordre, sont :

CLERGÉ

MM.
Barthélemy,
Lagier,
D'Oriac,
Brunet,
} *chanoines de la Cathédrale.*

MM.
Gaillardon,
Anglès,
De Ménilgrand,
Savoye,
} *chanoines de la Cathédrale.*

Tête d'Armand, *chanoine de Vienne.*

CURÉS DES PAROISSES

M. Hélie, *curé de Saint-Hugues.* | M. Lemaitre, *curé de Saint-Laurent.*

NOBLESSE

MM.
Le comte des Adrets, *ancien syndic de la noblesse.*
Le vicomte de Bardonnanche, *syndic de la noblesse.*
Le comte de Revigliasc-de-Veynes.
Le marquis de Bellafaire.
Le marquis de Veynes.
Le comte de Brizon.
Du Pilhon.
Le marquis de la Tour-du-Pin-Montauban.
Le chevalier de Saint-Vallier.
Longpra-de-Fiquet.
Le marquis de Plan-de-Sieyès.
D'Oriac.
De Menon
Le marquis de Blacons.

MM.
De Chalvet.
Le baron de Ponat.
Le marquis de Baronnat.
Le marquis de Pina de St-Disdier.
Le marquis de l'Eautaud-Montauban.
Le chevalier de Porte.
De Tardivon.
Le chevalier de Salvaing.
De Charency.
Le comte de Vaujany.
De Saulcy.
Le comte de Rostaing.
Le chevalier de Pisançon.
Le marquis de la Valette.
De Morard-d'Arces.
Le chevalier Alex. de Pisançon.

MM.

Le chevalier du Bouchage.
Le marquis d'Arces, fils.
Le chevalier d'Arces.
Prunelle de Lière.
Le vicomte de Chábons.
Le vicomte de Galbert.
Le baron de Venterol.
Le chevalier de Pina.
Le comte de Morges.
De Savoye.
Le chevalier de Bruno.
De Rivolle.
Le chevalier de Morges.

MM.

Le chevalier de l'Argentière.
Le chev. Alphonse de Dolomieu.
Le marquis d'Arces.
Le baron de Gilliers.
Le vicomte de Barral.
Doudart de Lagrée.
Le comte de Revol
De Fontbelle.
De la Porte.
Le marquis de Langon.
De la Valette.
De Portes d'Amblérieux.
De Savoye.

Le marquis de Châtelard.

MAGISTRATS, AVOCATS, MÉDECINS, PROCUREURS, NOTAIRES, BOURGEOIS, NÉGOCIANTS, ET SYNDICS DE DIFFÉRENTS CORPS

MM.

Lemaître.
Perrard.
Meyer fils, *bailli du Champsaur.*
Duchadoz.
Champel.
Pison fils, *juge épiscopal.*
Farconnet.
Barthellemy.
Piat-Desvial.
Dumas.
Eynard.
Perrotin.
Brun.
Didier.
Réal.
Garcin du Verger.
Allemand-Dulauron, *procur. du roi.*
Renaudon.
Royer-Dupré.
Genissieu.
Rolland.

MM.

Chenevaz.
Hilaire.
Dubois.
Sorrel.
Duchesne.
Bertrand.
Fantin.
Cret.
Pellat.
Héraud.
Ducros.
Jacquemet fils.
Dubertin.
Bottut.
Gagnon.
Brochier.
Cotton.
Bertrand d'Aubagne.
Beyle.
Monnet.
Dolle.

MM.

Royer-Deloche.
Périer père, fils, Berlioz, Rey et Cⁱᵉ.
Rubichon.
Joly.
Pascal.
Pal.
Guédy.
Arvet.
Michal.
Gauthier.
Clément.
Gringeat.
Romain-Mallein.
Cheminade.
Ville.
Buisson oncle.
Amori.
Périer-la-Grange.
Durand, Durif et Cⁱᵉ.
Pascal.
Dupuy.
Barnave fils.
Piot.
Brette.
Mounier fils.
Ollagnier.
Buisson.
Codé.
Dolle le jeune.
Dolle frères et Cⁱᵉ.
Rivière.
Jail.
Balmet.
J. Blanc.
Gagnon.
Mounier.
Imbert des Granges.
Viguier.
Richard.
Bretton.
Bournat.
Paganon.

MM.

Barthellon.
Pascal, Buscoz et Vallier frères.
Genevois-du-Roison.
Giroud.
Bourne.
Jacquemet.
Robert.
Bilon.
Bellue.
Vignon.
Rey.
Girard.
Hache.
Laville.
Roman.
Jayet.
Giroud.
Rivet.
Triolle.
Veuve Chevrier et fils.
Ferrouillat.
Avril.
Chabert.
Delange.
Nyer.
Bon.
Chabert.
Lefevre de Violaine.
Dutrait-des-Hayes.
Bigillion.
Toscan.
Piat-Longchamp.
Blanc.
Roux.
Fevre.
Laurent.
Bertier.
De Menilgrand.
Girerd.
Ch. Durand et fils.
Durand.
Micoud.

AU ROI

SIRE,

Daignez permettre à des sujets, toujours fidèles, de déposer, dans votre sein paternel, leurs douleurs, leurs craintes et leurs justes réclamations.

Dans les temps les plus critiques, votre noblesse et votre peuple du Dauphiné ont signalé leur zèle pour leurs souverains.

Ce furent les prélats, les gentilhommes dauphinois, et vos bonnes villes, qui déterminèrent nos anciens princes à faire don de leurs états de Philippe de Valois.

Ce don fut libre ; nos Dauphins y mirent des conditions, et stipulèrent des privilèges pour leurs sujets. Ces privilèges furent garantis par le serment de vos prédécesseurs ; ils furent le lien sacré de l'attachement, du respect et de la soumission de tous les Ordres de la province ; aussi, nulle part, dans aucun temps, ne fut-on plus dévoué au service de l'Etat. Permettez-nous de rappeler à Votre Majesté que, dans toutes les circonstances où la Monarchie a été exposée à des troubles, le Dauphiné, souvent livré à ses propres forces, a su résister aux ennemis de la France, assurer ses frontières, se garantir de tout esprit de parti, et donner des preuves particulières de son amour et de sa fidélité. Le respect, l'obéissance et l'amour dûs à nos souverains, ont toujours fait la base de notre conduite : pourquoi ressentons-nous aujourd'hui les effets de votre disgrâce ?

Sire, nous osons le dire à Votre majesté avec toute la franchise que vous doivent des sujets libres et fidèles :

jamais on ne fit un usage plus terrible des ordres arbitraires. C'est par des ordres exécutés militairement qu'on a tenté de renverser la constitution du royaume, d'attaquer les propriétés et de détruire les tribunaux ; que l'asile de la justice a été violé ; et qu'on a partout substitué la force militaire à l'empire des lois.

Les premier et second consuls-échevins de cette ville, mandés à la suite de votre Cour, offrent un nouvel exemple de la facilité avec laquelle on peut surprendre de pareils ordres. Quel crime pourroit-on leur reprocher ? Les accuseroit-on de désobéissance envers Votre Majesté, pour avoir été présents à la délibération du 20 mai qui n'a eu pour objet que de présenter à Votre Majesté les doléances de cette province ?

On ne peut, sans attenter à la liberté publique, interdire aux municipalités la faculté de délibérer sur tous leurs intérêts. C'est un devoir sacré pour les membres d'un corps municipal de veiller sans relâche et sans restriction au maintien des droits des citoyens. Le premier de ces droits, qui seul peut conserver les autres, est la liberté des assemblées et des délibérations.

Sire, les municipalités sont nées avant la monarchie (1). Elles disparurent dans une grande partie de

---

(1) Les Romains, qu'on accuse d'avoir opprimé les nations qu'ils avaient soumises, avaient créé dans toutes les villes des Gaules une administration municipale dont les membres, élus par les habitants, défendaient leurs privilèges et maintenaient la sûreté commune.

Les corps municipaux ont subsisté, après l'invasion des barbares, jusqu'au temps de la féodalité. Dans tous les lieux où les hommes conserveront la plus petite portion de leur liberté, ils auront des intérêts communs à défendre et des défenseurs à choisir. Multipliant les moyens qui peuvent les faire participer à la félicité publique, ils ne se borneront pas aux liens de parenté et de patrie, ils auront encore les liens de cité.

la France, quand le régime féodal eut amené la servitude générale du peuple ; mais, inséparables de la liberté, on les vit renaître avec les affranchissements des villes ; et dès que les citoyens cessèrent d'être serfs, ils eurent des communes.

Nous avons cet avantage que les villes du Dauphiné n'ont jamais été flétries par la servitude; elles n'ont jamais perdu leur administration municipale; et les principes du droit romain ont conservé dans cette province la franchise des terres et celles des personnes.

Ce serait rétablir l'asservissement des communes, que d'ôter aux corps municipaux la liberté des délibérations. S'il était possible de soustraire à leur examen un objet qui les intéresse, quelle serait leur utilité? Ne serait-ce pas dans les instants où leur concours deviendrait le plus nécessaire, qu'on enchaînerait leurs suffrages ? et ne serait-il pas égal de les anéantir entièrement ?

Nous croyons encore moins, Sire, que nos consuls soient répréhensibles d'avoir été présents à l'assemblée du 14 juin dernier. L'exil des magistrats, que leurs vertus et leurs lumières avaient rendu chers au peuple dans tous les temps, plongeait les citoyens dans la douleur. L'anarchie intérieure, suite funeste de la cessation subite de la justice, menaçait la tranquillité publique. Une misère affreuse avait inspiré le désespoir à une portion considérable du peuple. Dans cette position alarmante, le Clergé, les gentilhommes, d'autres notables citoyens, n'aperçurent qu'un moyen de faire cesser le désordre, ce fut de s'assembler à l'Hôtel de Ville, selon l'usage souvent observé. Il fut délibéré de donner des secours pécuniaires à une foule d'artisans, tombés subitement dans l'indigence par la cessation de travail ; de supplier

Votre Majesté de retirer les nouveaux édits et de rétablir dans leurs fonctions les magistrats du Parlement de Dauphiné, qui, en résistant à des projets que toute la nation désavoue, avaient donné à Votre Majesté des preuves d'amour et de fidélité. Il fut indiqué une assemblée générale des villes et bourgs de la province pour porter ses vœux à Votre Majesté. Nous osons vous l'assurer, Sire, cette démarche pouvait seule calmer la fermentation des esprits et ramener la confiance.

Nous ne pouvons savoir comment on a présenté cette assemblée à Votre Majesté. Il est naturel et juste de se prêter, dans les maux communs, une assistance mutuelle, et de se réunir, pour donner à ses représentations plus de force et d'intérêt. Des citoyens qui en invitent d'autres à donner à leur Prince des témoignages de leur fidélité, en l'éclairant sur des projets destructeurs, ne peuvent pas être regardés comme coupables.

Nous vous jurons, Sire, que si Votre Majesté eût été présente à cette assemblée, les témoignages de notre fidélité et de notre amour eussent fait couler de ses yeux de larmes d'attendrissement.

Si cette assemblée était un crime, ce serait celui de la cité entière qui l'a provoquée; celui de toutes les municipalités de la province, qui ont pris des délibérations semblables à celles de Grenoble. Presque toutes ont nommé des députés pour s'y réunir, et porter, de concert, leurs réclamations à Votre Majesté, et malgré des ordres supérieurs dans quelques-unes, et les manœuvres sourdes de plusieurs agents subalternes dans d'autres, il en est très peu qui n'aient manifesté le même vœu. Dans ce moment même, on s'agite pour empêcher toute assemblée nouvelle. On veut donc intercepter jusqu'aux cris de la douleur, et nous réduire à ne faire entendre que ceux du désespoir ? Ah ! Sire, ce n'est pas dans nos rochers que vous trouverez les ennemis de l'Etat et de votre autorité !

De quelque manière qu'on veuille faire considérer à Votre Majesté les délibérations de la Ville de Grenoble, nos consuls ne pouvaient en être personnellement répréhensibles: leur suffrage est toujours subordonné à la pluralité des opinions; il serait injuste de les rendre responsables de ce qu'il n'était pas en leur pouvoir d'empêcher. Et dans quel moment la ville est-elle privée de ses deux premiers consuls ? c'est lorsque la cessation de la justice peut occasionner de fréquents désordres; lorsque le peuple a besoin d'être consolé par ses chefs; lorsque, pour maintenir la tranquillité publique, il faut redoubler de zèle et de vigilance, et soulager la misère par des secours multipliés et constants !

Nous vous conjurons, Sire, de rendre à leurs fonctions le premier et le second consuls. Dans cette fatale journée où nous vîmes couler le sang de nos concitoyens, ils exposèrent leur vie pour calmer le peuple ; c'est à leur courage et au zèle du Conseil de la Municipalité, que nous devons le rétablissement de la tranquillité publique.

Sire, en multipliant ainsi les actes de rigueur, vos ministres ont-ils espéré que la crainte nous réduirait au silence? Ils auraient bien mal jugé de notre courage. Dans un moment, où les projets funestes, qu'on s'obstine vainement à faire exécuter, pourraient diminuer l'affection des peuples pour Votre Majesté, et ébranler sa puissance, la fidélité nous impose la loi de mettre sans cesse sous ses yeux les dangers qui menacent le

Royaume ; et quand on est vraiment fidèle, on l'est au péril de sa fortune, au péril même de sa vie.

Nous sommes avec un très profond respect,

Sire,

De Votre Majesté,

Les très humbles, très obéissants, très fidèles sujets et serviteurs.

Grenoble, le 2 juillet 1788.

———

IX

LETTRE A MONSEIGNEUR L'ARCHEVÊQUE DE SENS,
PRINCIPAL MINISTRE

Nous avons l'honneur de vous adresser une lettre que nous prenons la liberté d'écrire au Roi: nous vous prions de la mettre sous les yeux de Sa Majesté.

Nous sommes, avec respect, Monseigneur,

Vos très-humbles et très-obéissants serviteurs.

X

Du jeudi trois juillet mil sept cent quatre-vingt-huit, dans l'Hôtel de Ville de Grenoble, sur les dix heures du matin, le Conseil général assemblé, où étaient présents :

MM.

Laforest, *troisième consul*;

Savoye, *lieutenant-général de police*;

Bottut, *consul*;

Allemand-Dulauron, *procureur du roi de la Ville*;

Barthélemy, Savoye, *députés de la Cathédrale*;

Michon, de Légalière, *députés de la Collégiale*;

Le vicomte de Bardonnanche, *syndic de la noblesse*;

Lemaître, *avocat de la Ville*;

Perrard, Bertrand, Farconnet, *avocats*;

Dubois, *procureur de la Ville*;

Sorrel, Cret, *procureurs au Parlement*,

Dubertin, *procureur au bailliage*;

Cotton, *trésorier de la Ville*;

Balmet, Rubichon, Dolle, *négociants*;

A été exposé par M. Laforest, troisième consul, etc.
Délibéré, etc.

M. Laforest, troisième consul, ayant requis qu'il soit fait lecture des délibérations des lundi, mardi et mercredi, à l'effet de reprendre, sur les objets qu'elles contiennent, la délibération qui fut interrompue hier à 3 heures de relevée, par l'entrée d'un grand nombre de MM. du Clergé, de la Noblesse et autres notables citoyens.

A été délibéré : 1º que les réclamations faites le jour d'hier, au sujet des ordres qui ont mandé MM. les deux premiers Consuls à la suite de la Cour, remplissant les vœux du Conseil, il n'y a lieu, en l'état, à une plus ample délibération ;

2º A été délibéré que le droit le plus sacré des municipalités est celui d'être pleinement libres, soit dans les personnes qui la composent, soit dans les opinions qu'elles ont à porter, relativement à l'administration qui leur est confiée; qu'en conséquence, MM. les Consuls auraient dû ne point sortir hier de la Maison de Ville pour obtempérer aux ordres qu'ils avaient reçus de M. le duc de Tonnerre; et qu'au surplus les mêmes ordres n'ont pu avoir aucune influence directe ni indirecte sur le Conseil municipal, qui ne peut et ne doit jamais reconnaître que ceux qui sont émanés immédiatement de sa Majesté, dans les formes prescrites par les lois.

A encore été exposé..., etc.

Et ont, MM. du Conseil, signé, etc.

XI

DÉLIBÉRATION DES TROIS ORDRES DE LA VILLE
DE VALENCE

Du mercredi trois septembre mil sept cent quatre-vingt-huit, à cinq heures du soir, dans une des salles des RR. PP. Cordeliers, où nous, citoyens et habitants des trois-ordres de la ville de Valence, soussignés, en vertu de la permission spéciale que nous en donne la charte accordée par Louis XI, le 2 octobre 1450, enregistrée au Conseil delphinal le 6, et publiée le 7 du même mois, nous sommes assemblés et réunis, n'ayant pu le faire dans l'Hôtel de Ville, les 20 juillet dernier et ce jour d'hui, en ayant été empêchés par la présence de plusieurs personnes opposantes; et voulant concourir, par notre adhésion, au vœu général de la province, exprimé dans les différentes délibérations qu'elle a tenues les 21 juillet, 25 et 26 août, et 1er septembre, avons conclu, délibéré et arrêté que quoique diverses fâcheuses circonstances nous aient empêché de faire paraître nos vœux aux assemblées susdites, nous déclarons nous unir de toutes nos forces aux arrêtés desdites délibérations, ainsi qu'à tout ce qui pourra être fait dans la délibération qui doit être prise dans la ville de Romans par l'assemblée des Trois-Ordres, le 5.

Prions en conséquence M. le marquis de Veynes de vouloir bien se charger, au nom de tous, de présenter notre délibération à MM. les commissaires de la noblesse, et d'être l'interprète de la façon de penser, et de l'unanimité des sentiments d'union et adhésion qui animent les citoyens présents et signataires.

Déclarons, de plus, que nous avons, en général et en particulier, éprouvé la plus profonde douleur, en apprenant qu'on imputait à quelques habitants de notre ville la délation qui a attiré à M. de Delay, maire de Romans, l'animadversion du Gouvernement, tandis qu'à nos yeux il auroit mérité la couronne civique ; et ont les délibérants signé.

Signé : de Tardivon ; abbé de Saint-Ruf ; le marquis de Veynes ; Lancelin, Rostaing de Champ-Ferrier ; Rouveyre ; Josselin ; Gaillard, président, lieutenant-général-civil du présidial ; de Sucy ; Loberi de Saint-Germain ; le chevalier de Vaugrand ; Dathenolt de Tourette ; Bellon, médecin ; Boniface Bellon fils ; Ravel ; Desjaques, maire ; Levet, seigneur de Malaval ; Boveron, juge mage ; Viallet de Saint-Flour ; Bérenger ; Delandes ; Teyssonnier ; Boveron fils, avocat au Parlement ; Dupuis de Bordes ; Planel, professeur en la Faculté de droit et avocat du roi au présidial ; Desjaques de la Garde ; Desgayères ; Daumont ; Malleval, avocat ; Pinet ; Patry ; Grégoire aîné ; Mougenot ; Bérenger ; Figuet ; Faisan ; le baron de Malmazet Saint-Andéol ; le chevalier Saint-Andéol ; Hortal ; Aymard ; Chorier, chanoine ; Chorier ; Chabert ; Guibert ; Bachasson-Lachafine ; Bottu ; Genillon ; Bouvier, avocat ; Moudan ; etc., etc., etc.

XII

BREVET DE SA MAJESTÉ EN FAVEUR DE M. LE MARÉCHAL
DE VAUX POUR LE COMMANDEMENT DE LA PROVINCE

Du mardi quinze juillet mil sept cent quatre-vingt-huit, dans l'Hôtel de Ville de Grenoble, sur les dix heures et demy du matin, le Conseil général de la Ville assemblé où étaient présents Messieurs :

Laforest, *troisième consul*;

Savoye, *lieutenant-général de police*;

Botut, *consul*;

Allemand, *procureur du Roy*;

Barthélemy, Savoye, *députés de la Cathédrale*;

Michon, de Légalière, *députés de la Collégiale*;

Le vicomte de Bardonenche, *sindic de la Noblesse*;

Bertrand, *avocat*;

Du Bois, *procureur de la Ville*;

Cret, *procureur en la Cour*;

Du Bertin, *procureur au bailliage*;

Cotton, *trésorier de la Ville*;

Balmet, *bourgeois*:

A été exposé par M. Laforest, troisième consul, que ce jour d'hui, après dix heures du matin, M. l'Intendant a écrit une lettre à MM. les Consuls dont la teneur suit :

« A Grenoble, le 16 juillet 1788. M. le maréchal de « Vaux, Messieurs, désire donner connaissance aux « officiers de l'Hôtel de Ville des lettres patentes du « commandement que le roi lui a confié dans cette « province en l'absence de M. le duc de Tonnerre, je « vous préviens de vouloir bien les assembler pour dix « heures précises ainsi qu'il l'a indiqué.

« J'ai l'honneur d'être avec un sincère attachement, « Messieurs, votre très humble et très obéissant servi- « teur.

« Signé : CAZE DE LA BOVE. »

M. de Ribert, officier au régiment de Royal-la-Marine, chevalier de Saint-Louis, ayant fait demander d'entrer, a dit qu'il venait de la part de M. le maréchal de Vaux présenter des lettres de commandement de cette province. M. de Ribert invité à se retirer dans la salle voisine pour laisser délibérer luy retire; a été arrêté que M. de Ribert est prié d'observer à M. le maréchal de Vaux que les lettres patentes n'étant adressées qu'au Parlement et autres officiers justiciers, le Conseil de Ville n'a pu qu'en prendre lecture, ce fait les a rendues à M. de Ribert.

A été encore délibéré que dans la visite que MM. les Consuls se proposent de faire à M. le maréchal de Vaux, ils auront l'honneur de lui remettre les protestations dont la teneur suit :

Monseigneur,

Le Conseil général de la Ville de Grenoble nous envoye comme consuls-échevins pour avoir l'honneur de vous rendre les hommages qui vous sont dus; il nous a encore expressément chargés, Monseigneur, de vous prier de permettre de déposer dans vos mains ses protestations contre la violation des droits de la nation et des privilèges de la province. Nous espérons, Monseigneur, que vous voudrez bien concourir avec nous pour obtenir du meilleur des rois le rétablissement de l'ordre ancien.

XIII

Du vingt-un juillet mil sept cent quatre-vingt-huit, à huit heures du matin, dans une des salles du château de Vizille, lieu de la résidence de nos anciens Dauphins, et où l'assemblée a été indiquée, par l'impossibilité de la tenir à Grenoble, se sont rendus MM. du clergé, de la noblesse et du tiers-état, ci-après nommés, sans observation de rang ni de préséance entre les personnes de chaque ordre, non plus qu'entre les villes, bourgs et communautés qu'ils représentent.

CLERGÉ

MM.

De Leyssins, abbé de Boscodon, chanoine et comte de Saint-Chef.

De Saint-Ours, chanoine et comte de Saint-Chef.

Lefort, chanoine de la Métropole d'Embrun.

MM.

Barthélemi,
Lagier,
Brunel,
Gaillardon,
Menilgrand,
Anglès,
Savoye,
} chanoines de l'église cathédrale de Grenoble.

MM.

Agnès, chanoine de la cathédrale de Die.

De Châtelard, \
Flauvan, \
Michon, — chanoines de l'église cathédrale \
De Lesgalière, / de Grenoble.

Lamotte.

Suel, chanoine du chapitre de St-Barnard de Romans.

Marcellin, chanoine de Crest.

L'abbé du Vivier.

Hélie, curé de la paroisse de Saint-Hugues.

Lemaistre, curé de la paroisse de Saint-Laurent de la même ville.

Goubet, curé de la Mure.

Chapin, prieur-curé de St-Martin dans le Briançonnais.

Jomaron, recteur de Montbonnot.

Doyat, curé de Saint-Martin-de-Miséré.

Rostaing, curé de Jarrie.

Durand, curé de Voreppe.

Courière, prieur de Saint-Ange.

Bertrand, curé de Seyssins.

MM.

Bernard, ecclésiastique.

Charmeil, curé de la Combe.

Senaud, curé de Savel.

Peyronnet, curé de Gières.

Granier, curé de Pariset.

Fuzier, curé de Chirens.

Renavan, chapelain de Vizille.

Josserand, curé de Valbonnais.

Durand, curé de la Forteresse.

Expilli, sacristain de Tullins.

Bonnet, curé de Saint-Pierre-de-Mezage.

Robert, curé de Crolles.

Boisseran, curé de Saint-Aupre.

Blanchet, curé de Vizille.

Guillermoz, curé de Vif.

Julien, curé de Saint-Pierre-de-Comiers.

Pravas, curé du Pont-de-Beauvoisin.

Hache, curé de Villeneuve.

Bourillion, curé de Brié.

Guillet, curé de Saint-Etienne-de-Jarrie.

Perrier, curé de Moras.

NOBLESSE

BAILLIAGE DE GRAISIVAUDAN ET TERRITOIRE DE GRENOBLE

MM.

Le comte de Morges.

Le chevalier du Bouchage.

Le marquis de Baronnat.

Le chevalier de Pina.

Le chevalier de Salvaing.

De Melat.

Le vicomte de Ruffo.

Le chevalier Alexandre de Pizançon

Le chevalier Camille de Saint-Vallier.

MM.

De Montcla.

Le marquis d'Arces.

Ofarell.

Le marquis de Saint-Didier.

Le chevalier de Sayve.

Vial d'Alais.

Le vicomte de Chabrière.

Le chevalier de Pizançon.

Le chevalier de Morges.

Le comte de Saint-Vallier.

MM,

Le comte de Brizon.
Le chevalier de l'Argentière.
Le marquis de Langon.
De Lemps.
De La Valette.
Le comte d'Herculais.
Le vicomte de Vaulx.
Le marquis de Morard.
De Lespinasse.
De Saint-Romans.
Le vicomte de Barral.
De Rostaing.
Doudard de Lagrée.
De Saint-Ours-l'Echaillon.
Le chevalier de Brenier.
Le comte de Revol.
De Voissanc.
Le vicomte de Bardonnenche.
Le comte de Chabons.
De Longpra de Fiquet.
De Longpra fils aîné.
De Galbert.
De Perrot du Thaud.
De la Valonne.
Le chevalier de Bruno.
De Lierres.
De Bovet.
De Lambert fils.

MM.

De Maximi.
Du Bayet.
De Villeneuve.
Le comte de Vaujany.
De Bouffier de Cézargnes.
Pasquier de Fayeux.
De Saint-Ferréol.
Du Verney.
De Bonniot.
De Savoie.
Le chevalier de Portes.
De Charancy.
Moulezin.
Bourne.
De Chuzin.
De Lambert.
Le Comte de Bailly.
De Louvat d'Oriac.
Garnier de Pellissière.
Le baron de Vanterol.
De Menon.
Alexandre de Bonniot.
De Chalvet.
De Rivière.
De Marc.
Beylié.
De Savoye, *Lieutenant-Général de Police de Grenoble.*

BAILLIAGE DE VIENNE

MM.

Le chevalier Alphonse de Dolomieux.
Le marquis de Buffevent.
Le chevalier de Bocsozel de Montgontier.
De Vessillieu.
Des Herbeys.
Le vicomte de Leyssins.
Le marquis de Loras.
Le comte de Loras.

MM.

Le marquis de Corbeau.
Le chevalier de Moydieu.
De Moydière.
D'Angelin.
Le comte de Vallier.
De Portes d'Ambérieu.
De Meypieu.
De Perret.
Le chevalier de Perret.
Le chevalier de Rachais.

MM.
Albanel de Cessieux fils.
Le comte de Mons.
Le marquis de Belfroy.
Meyrieu de Domarin.
De Saint-Germain.

MM.
Du Serf-de-Croze.
De Vavre de Ronce.
De Saint-Clair.
Le comte de Vallin.
Le marquis de Boissac.

SÉNÉCHAUSSÉE DE CREST

MM.
Le marquis de Blacons père.
Le baron de Montrond.
Le comte de Gramont, duc de Caderousse.
Le marquis de Barral de la Ferrière.
De Richaud.

MM.
De Bouillanne.
Le marquis de Blacons fils.
Le marquis de la Tour-du-Pin-Montauban.
Rigaud de Lisle.

SÉNÉCHAUSSÉE DE VALENCE ET DIOIS

MM.
Le chevalier de la Deveze.
Le comte du Pont.
Le marquis de Châtelard.
De Ravel.
Le chevalier de Vaugrand.
De Tardivon.

MM.
Le marquis de Léautaud de Montauban.
Le marquis de Plan de Sieyes.
Le marquis de Pilhon.
Gueymard du Palais.
De Charens.
Le chevalier de Bonne.

SÉNÉCHAUSSÉE DE MONTÉLIMAR

MM.
Le comte de Marsanne fils.
De la Coste de Maucune.

M.
Geoffre de Chabrignac.

BAILLIAGE DE SAINT-MARCELLIN ET JUSTICE DE ROMANS

MM.
Le vicomte de Tournon.
Le marquis de Beausemblant.
Le marquis de Pisançon.

MM.
Le comte d'Urre.
De Sibut.
De Chasson.

MM.
De Louvat.
Le marquis Perrotin Bellegarde.
De la Porte.
De Revel du Perron.
Du Vivier.
Le baron de Gilliers.
De Canel.

MM.
Le chevalier de Reynaud.
De Grand.
De Rivolles.
Le marquis de Saint-Vallier.
Du Collombier.
André de Queyrel.

BAILLIAGE DE GAP

MM.
Joseph de Queyrel.
Jullien de Queyrel.
Jean de Queyrel.
Le marquis de Veynes.
Le marquis de Revigliase de Montgardin.

MM.
Le marquis de Bellaffaire.
De Ventavon.
Le chevalier de Taxis
Le marquis de la Villete.
De Saint-Pierre.
Oddoz de Bonniot.

BAILLIAGE DU BUIS

MM.
De Ventaillac.
Le marquis du Claux de Besignant.

M.
Dupuy de la Marne.

Noms des Gentilshommes qui ont donné pouvoir à d'autres Membres de la Noblesse, par Lettres ou Procurations, lesquelles ont été représentées, d'adhérer pour eux à tout ce qui sera décidé par l'Assemblée.

GRAISIVAUDAN

MM.
Le comte des Adrets.
De Bardonnenche.
Le marquis de Vachon.

MM.
De Treillard de Boissieu.
Le chevalier de Bonniot.
De Manin.

BAILLIAGE DE VIENNE

MM.
Michalon.
Le marquis de Chaponay.
De Vernas.
De Blanc.
De Cezarge.
Le vicomte de Sallemand.
Le marquis de Menon de Ville.

MM.
De Montlevon.
Le comte d'Aoste.
Le marquis de Leuze.
Le marquis de Serezin.
Le chevalier de Murinais.
Yons de Jonages.

BAILLIAGE DE GAP

MM.
Le comte d'Agoult de Chanousse,
Oddoz de Bonniot,
D'Alais.
Le marq' de Bonniot de St-Agnian.

MM.
Du Poët de Taxis.
D'Abel de Chevalet.
De Bimard.

BAILLIAGE DU BUIS

MM.
De Gontin.
Le marquis de Soissans.
Le comte de Bruge.

MM.
Le marquis de Taulignan.
Le marquis d'Archimbaux.
De Véronne.

SÉNÉCHAUSSÉE DE CREST

MM.
Le baron Louis de Flotte.
De Montrond fils.
De la Calmette.
De Bosonier.
De la Motte de la Croix.

MM.
Gaspard de Bouilliane.
Jean-Pierre de Richaud.
Jean-Elie de Richaud.
Jean-David de Richaud.

BAILLIAGE DE SAINT-MARCELLIN

MM.
Le marquis de Chaponay de Saint-
Bonnet.

M.
Le chevalier de Garnier.

SÉNÉCHAUSSÉE DE MONTÉLIMAR

MM.
Le marquis de Lattier.
Le marquis du Poët.
Le marquis de Saint-Ferreol.

MM.
Le marquis de Marsanne père.
De Maucune.
Le marquis de Vesc.

SÉNÉCHAUSSÉE DE VALENCE

MM.

De Barjac.
Bancel de Confoulins. .
Le chevalier de Rostaing-la-Bretonniere.
De Chastelier.
De Josselin.

MM.

Rostaing de Chamferrier.
Le chevalier de la Rollière.
Desjacques de la Garde.
Dupuis de Borde.
Cartier de la Sabliere.

TIERS-ÉTAT

VILLE DE GRENOBLE ET LIEUX CIRCONVOISINS, MAGISTRATS, AVOCATS, PROCUREURS, NOTAIRES, BOURGEOIS, NÉGOCIANTS ET SYNDICS DES DIFFÉRENTS CORPS

MM.

Piat-Desvials.
Duchesne.
Chenevas.
Dumas.
Joly. .
Bertrand.
Mallein aîné.
Jacquemet fils.
Bernard, lieutenant en la juridiction épiscopale de Grenoble.
Enfantin.
Allemand-Dulauron, procureur du roi en l'Hôtel de Ville et siège de Grenoble.
Pascal, colonel de la milice bourgeoise.
Dumas la Rochetière.
Gagnon père, médecin.
Perrotin.
Gagnon fils.
Barthelon.
Garcin du Verger.
Perreton.

MM.

Jay.
Astezan
Genevois de Roizon.
Du Parc.
Mallein la Rivoire.
Chanoine, médecin.
Dupuy, lieutenant-colonel de la milice bourgeoise.
Genissieux.
Cotton, trésorier de la ville de Grenoble.
Brugière.
Des Hayes.
Chabert fils.
Martinais.
Grand.
La Beaume.
Bretton, syndic des épiciers.
Botut, syndic général du commerce et des arts et métiers.
Botut fils, consul de Grenoble.
Giroud.
Borel de Châtelet.

MM.

Jacquemet.
Amar d' Châtelard.
Royer-Deschamps.
Royer-Deloche.
Perret-Desessarts.
Didier.
Farçonnet.
Rey.
Vincent.
Bernard.
Laville, syndic des gantiers.
Rivière.
Pellat.
Bournat.
Favier.
Reynier.
Bon.
Brette, syndic des libraires.
Arnoux.
Romans.
Charavel.
Turbet.
Laforest.
Pizon-Delisle.
Rubichon fils.
Barroal fils.
Giroud, maître en chirurgie.
Dumoulin.
Laurens.
Veyret, syndic des notaires.
Caillat.
Ville.
Dumas, maître en chirurgie et syn-
    dic.
Couturier.
Long.
Eymard.
Jouguet.
Jail.
Félix.
Reymond.
Christophe,
Magnin-Dufayet.
Catelan cadet.

MM.

Fourgeau.
Joly fils.
Périer fils.
Périer père, fils, Berlioz, Rey et C°.
Dubertin.
Sorrel.
Nyer, greffier de la police.
Cret.
Lacour.
Chavalet.
Verdier.
Escoffier aîné.
Lacombe.
Romand.
Ecoffier cadet.
Durif.
Girerd.
Bruant.
Chevrier.
Joly.
Legrand.
Lefevre Deviolaine.
Amori père.
Grandval.
Chevally.
Clement.
Accarier.
Marpos.
Vallier.
Rolland.
Dupuy fils.
Leyssard.
Chabert.
Romans.
Falconnet.
Trembley.
Ferrouillat, syndic des marchands
    épiciers.
Ferry.
Durif.
Ducroz.
Guerre.
Paganon.
Bertier.

MM.
Roger-Dupré fils.
Ollivier.
Charvin.
Navizet.
Dupré.
Labbé.
David aîné.
Lhorlogé aîné.
Fournier.
Duhamel.
Berthieu.
Vizioz.
Paturel.
Duhamel cadet.
Rolland des Essards.
Rolland de Ravel.
Michal.
Rey.
Palais.
Michon.
Crolat.
Durand et Durif.
Chevallier.
Dubois.
J. L. A. Giroud.
Charpin.
Caillat du Sozey.
Coste.
Sorrel.
Deschaud fils.
Eymard.

MM.
Amori.
Vigne.
Jouvin.
Hébert.
Fantin.
Blanc.
Chanoine du Rozier.
Beroard.
Bellue.
Guedy.
Falcon.
Duchadoz, médecin.
Gerboud.
Rivier.
Michoud.
Trolliet.
Gringeat, syndic des épiciers.
Lanet, syndic des cafetiers.
Jayet.
Claude Charvin.
Martinon.
Marcoz.
Joseph Jayet.
Richard.
Chanrion.
Robert.
Romagnier.
Bonth.
Pul.
Roche, syndic des orfèvres.
Blache.

NOMS DES VILLES, BOURGS ET VILLAGES
qui ont envoyé des Députés
ET NOMS DES DÉPUTÉS

BAILLIAGE DE GRAISIVAUDAN

Bourg de la Mure : MM. Goubet, curé ; Chuzin de Fugiere ; Aman ;
    Guillot, notaire.
Bourg de Corp : MM. Imbert les Granges ; Laugier, médecin.

Bourg de Voreppe : MM. Durand, curé ; Beylier ; Coindre-Lativolière.
Pommiers : A choisi les députés de Voreppe.
Bourg de Vif : MM. Guillermos, curé ; Garnier de Pellissière ; Déjean.
Bourg du Monestier-de-Clermont : MM. Barthelemy d'Orbanne ; Faucherand, châtelain.
Uriage : M. Arvet.
Claix, Allière, Risset, Fontagnieu : MM. Courière, prieur de Saint-Ange ; De Charancy ; Royer, Beyle.
Le bourg de Mens : MM. Alexandre de Bonniot ; Brémond, notaire ; Sibey, négociant.
Villard-Bonnot : M. Jail.
Jarrie-le-Haut, Jarrie-le-Bas, Echirolles, Champagnier : M. Renauldon.
Theys : MM. Dorgeval ; Brette, notaire.
Bourg de Vizille : MM. Blanchet, curé ; Durif ; Boulon.
Revel : MM. Demarc ; Arvet.
Le Versoud : MM. Moulezin ; Micoud.
Crolles : M. Berthieux.
Corenc, Saint-Ferjus : MM. Romain Mallein.
Lumbin : M. de Savoye.

MANDEMENT DE MONTBONNOT. — *Montbonnot, Saint-Mury, Saint-Martin-de-Miseré, Meylan, Biviers, Saint-Ismier, Clesmes, Saint-Nazaire, Bernin :* MM. l'abbé Jomaron ; De Menon ; Réal ; Bigillon.

Touvet : M. Chabert.

MANDEMENT DE VALBONNAIS. — *Valbonnais, Le Périer, Entraignes, Valjoffrey, Chantelouve :* MM. Josserand, curé de Valbonnais ; Blanc, notaire.

Saint-Martin-le-Vinoux : M. Eynard.
Saint-Egrève : MM. le comte de Bailly ; Perrard ; Martin.
Veurey : MM. l'abbé de Saint-Ours ; De Rivière ; Bourne.
Sainte-Agnès : M. Hélie, notaire.
La Combe-de-Lancey : MM. Charmeil, curé ; Jail.
Saint-Jean-le-Vieux : M. Moulezin.

MANDEMENT D'OISANS. — *Le Bourg, La Grave, Le Villard-d'Arène, Le Mont-de-Lans, Besse, Clavans, Misoen, Le Fresnay, Auris, Le Gauchoir, Le Villard-Eymond, Ornon, Livet, Allemond, Oze, Villard-Reculas, Huez, La Garde :* M. Dussert, châtelain.

Beaufin : MM. Imbert des Granges ; Laugier, médecin.
Cornillon près Fontanil, Saint-Vincent-du-Platre : M. Chanel fils.
Varces : M. Joly.
Aspres-les-Corps : MM. Imbert des Granges ; Mounier.
Tencin : M. Jullien, notaire.
Brié, Les Augonnes : M. de Chalvet.

Saint-Georges et Saint-Pierre-!.-Commiers, Notre-Dame-de-Commiers :
    MM. Jullien, curé de Saint-Pierre, Bessiron.

La Motte-d'Aveillans : M. le baron de Venterol.

Clémence-d'Ambel, Guillaume-Perouse, Villard-la-Loubière : M. Imbert
    des Granges.

Saint-Maurice en Valgodemar : MM. Mounier; Barnave fils.

Saint-Jacques en Valgodemar : M. Imbert des Granges.

Clelles : M. Blanc, notaire.

La Terrasse : M. Pison du Galand fils.

Le bourg de Voiron : MM. Boisseran, curé de Saint-Aupre; Lambert;
    Allard du Plantier.

BAILLIAGE DE VIENNE

COMTÉ DE CLERMONT. — *Chirens, Clermont, Massieu, Bilieu, Charavines,
    Afrieux, Burcin, Oyeu ;* MM. Fuzier, curé de Chirens ; Hilaire.

Le bourg du Pont-de-Beauvoisin : MM. Pravas, curé; Berlioz.

Bourg de Saint-Geoire : M. Pascal la Rochette, avocat.

Bourg du Grand-Lemps, Colombe, Bevenais : M. Sappey, notaire.

Ville de Crémieux : M. Alrici.

Bourg de Morestel : M. Grandval.

Les Avenières : M. Troillet.

*Bouvesse, Cortenay, Amblagnieu, Saint-Baudille, Charette, Quirieu;
    Meypieu, Arandon, Creys, Vercieu :* M. Nugue.

SÉNÉCHAUSSÉE DE VALENCE

Bourg de Loriol : MM. Gagnol-la-Couronne; Blancart.

Alixan : M. Revol.

Alex : MM. Rigaud de l'Isle; Didier.

Bourg de Saillans : MM. Barnave fils; Barnave.

Aouste : M. le marquis de Blacons.

La ville de Die : MM. Agnès, chanoine; De Charens; De Lamorte, maire,
    Lagier de La Condamine.

La Motte Chalançon : MM. le marquis de Châtelard; Bertrand d'Aubagne.

Bourg de Châtillon-le-Die : M. Blanc-Grancombe, notaire.

Vassieu : a nommé les députés de la ville de Die.

SÉNÉCHAUSSÉE DE MONTÉLIMAR

Château-neuf-de-Mazenc : M. Chaniac fils.

Bourg du Puy-Saint-Martin : Idem.

Charols : Idem.

Ville de Crest: MM. Marcellin, chanoine; Le marquis de Blacons; Richard, maire.

Montoison : MM. Rigaud de l'Isle; Disdier.

Aurifle : MM. De la Tour-du-Pin ; Disdier.

Saint-Sauveur : MM. De la Tour-du-Pin; Disdier.

Chatel-Arnaud, Saint-Morand : Idem.

Soyans : Idem.

Ville de Romans : MM. Emanuel de Suel, chanoine de Saint-Barnard ; Le baron de Gilliers; de Lacour d'Ambézieux.

Ville de Saint-Marcellin : MM. Le chevalier de Raynaud; Guillermet, avocat.

Bourg de Tullins : MM. Expilli, sacristain; De Rivoles; Charpenez, notaire.

Bourg de Saint-Vallier : MM. Le marquis de Saint-Vallier; Gaguere, médecin.

Bourg-du-Péage-de-Pisançon : MM. Duvivier, de Lentiol; Lacour, notaire.

Le bourg de Rives : M. Martel.

Bourg de l'Albenc : M. Champel.

Bourg de Saint-Jean-en-Royans : M. Ezingeard, notaire.

Bourg de Vinay : M. Champel.

Saint-Nazaire en Royans : MM. Du Colombier ; Cara de Massautier.

Bourg du Pont-en-Royans : MM. Michon, chanoine ; De Canel; Vignon.

Bourg de Moras : Périer, curé; MM. Le marquis de Perrotin-de-Bellegarde; Quincieux.

La ville de Tain : MM. De Gros; Bret.

Bourg de Moirans : MM. Magnin-Desayes.

Le Bourg de Veynes: MM. Anglès, chanoine; le marquis de Veynes; Pascal fils.

Ville de Saint-Bonnet en Champsaur : MM. Meyer, bailli du duché de Champsaur; Thomé, procureur fiscal.

Aspres : M. Barillon.

Bourg de Serre : MM. le vicomte de Revigliasc; Achard de Germane.

Ribiers : M. Viguier.

Upaix : M. Flour de Saint-Genis.

Ventavon : MM. Brun; Toscan-Duplantier.

Aubessagne : M. Pal.

BAILLIAGE DU BUIS

La ville du Buis : MM. Marcellin Chanoine; Dupuis de la Marne; De Bertrand, lieutenent général au bailliage, comte de Montfort, dans les états du Saint-Siège, député des juridictions; Vachier, avocat.

La Roche, Montaulieu, Rocheblave, La Bâtie-Coste-Claude, Rochebrune, Châteauneuf-de-Bordette, La Rochette-s.-Saint-Auban, Montbrun, Reillannette, Propriac, La Penne, Montauban : toutes ces communautés ont chargé les députés de la ville de Buis de les représenter.

BAILLIAGE D'EMBRUN

La ville d'Embrun : MM. Lefort, chanoine; De Creci, lieutenant général au bailliage; Blanc, avocat.

La ville de Mont-Dauphin et Eygliers : ont nommé les députés du Briançonnais.

BAILLIAGE DU BRIANÇONNAIS

Ville de Briançon et les Ecartons, Le Monestier, Saint-Martin, Le mont Genevre, Saint-Chaffrey, La Salle, Villard-Saint-Pancrace, Neurache, Serrieres, Arvieux, Saint-Veran, Ristolas, Puy-Saint-Pierre : MM. Chapin, curé de Saint-Martin; De Champrouet, conseiller-assesseur au bailliage; Martinon; Berthelot.

N. B. — Ces communautés forment le Briançonnois et la vallée de Queyras.

Noms des communes qui ont déclaré adhérer à la Délibération de la ville de Grenoble, du 14 juin 1788, et à tout ce qui sera fait par cette Ville, ou par l'Assemblée des trois Ordres.

BAILLIAGE DE GRAISIVAUDAN

Bourg de Goncelin; Bourg de Domaine; Seissins; Roux-de-Comiers; Montrigaud; Pariset; Seissinet; Saint-Muris-Monteymond; Eybens; Saint-Martin-d'Hère; Le Sapey; Avalon et Bayard.

VIENNOIS

Bourg de Saint-Jean-de-Bournay; bourg de Beaurepaire.

VALENTINOIS

Bourg d'Etoile; Bourg-lès-Valence.

BAILLIAGE DE SAINT-MARCELLIN

Beaumont-Monteux; Saint-Paul-les-Romans.

SÉNÉCHAUSSÉE DE MONTÉLIMAR

Dieu-le-Fit.

SÉNÉCHAUSSÉE DE CREST

Gigors, Grane.

GAPENÇOIS

Bourg de Tallard; bourg de Rozans; Saint-André-en-Rozans; Sorbières.

———

Les Députés et autres personnes qui doivent délibérer, s'étant trouvés réunis à l'heure ci-dessus, quoique la présente assemblée n'eût été indiquée que pour deux heures de ce jour, il a été résolu de commencer la séance; et chacun s'est placé suivant le rang des ordres.

Les membres du tiers-état de la ville de Grenoble étant en grand nombre, et désirant de laisser la plus grande liberté des suffrages aux députés des autres lieux de la province, ont proposé de n'avoir que dix voix dans l'assemblée, ce qui a été accepté; et ils ont déclaré qu'ils confient le pouvoir de voter pour eux à :

MM.

Piat-Desvial ;

Duchesne ;

Bernard, *lieutenant de la judicature épiscopale de Grenoble* ;

Allemand-Dulauron, *procureur du Roi à l'Hôtel de Ville et siège de police* ;

Bottut, *consul-échevin* ;

Gagnon, *médecin* ;

Robert ;

Veyret, *syndic des notaires* ;

Dupuy, *lieutenant-colonel de la milice bourgeoise* ;

Bottut, *syndic général du commerce et des arts et métiers*;

Le tout sans tirer à conséquence pour l'avenir.

Il a été délibéré qu'on élira pour cette assemblée un président, qui sera pris dans l'un des deux premiers ordres ; et un secrétaire, qui sera pris dans le tiers-état.

L'assemblée a nommé président M. le comte de Morges, et secrétaire M. Mounier, juge-royal de Grenoble.

Ensuite M. le Président a dit :

« Messieurs,

« La cause publique nous rassemble : vous avez à
« délibérer sur le sort de cette Province, et sur les
« moyens de maintenir la constitution de l'état; nous
« connoissons tous les vues bienfaisantes de Sa Majesté,
« et son amour pour ses peuples. La sagesse de vos réso-
« lutions la déterminera sans doute à accueillir vos
« justes réclamations.

« Je suis comblé de l'honneur que vous voulez bien

« me déférer, de recueillir vos vœux... Je n'ai point à
« vous exhorter à une union parfaite. Tous ici, le clergé,
« la noblesse, les communes du Dauphiné, sont animés
« du même esprit, du même amour pour le prince, de
« la même fidélité. Tous veulent concourir à la félicité
« publique, à la gloire du trône, et à celle de la nation. »

Ensuite les pouvoirs des députés ont été représentés
et vérifiés.

La délibération prise par les Trois Ordres de la ville
de Grenoble, le 14 juin dernier, a été lue, et les objets
rappelés dans cette délibération, ainsi que plusieurs
autres, ont été discutés et examinés par l'assemblée.

Sur les trois heures de relevée, la séance a été discon-
tinuée, M. le président en a indiqué la reprise à quatre
heures et demie.

L'assemblée ayant repris séance, les matières remises
en délibération, et les voix étant recueillies dans chaque
ordre ;

Considérant que les arrêts du Conseil, les menaces,
les intrigues des subalternes, les ordres arbitraires, les
persécutions qu'ont essuyées les premier et second
consuls de la ville de Grenoble, mandés à la suite de la
Cour ; le maire de Gap, obligé de se rendre à Grenoble,
sur un ordre du commandant de la Province, ie maire de
Romans, enlevé dans son domicile, ont effrayé les municipalités qui n'ont pas délibéré sur les circonstances
présentes, et retenu un grand nombre de députés ; que
cependant, malgré tous les efforts des agents du ministère, les villes, bourgs et communautés, qui ont nommé
des députés, ont adhéré aux résolutions prises par la
ville de Grenoble, dans sa délibération du 14 juin der-

nier, forment une représentation suffisante pour exprimer le vœu de la province, d'autant plus qu'on n'avoit invité que les villes et bourgs : qu'ainsi la présente assemblée doit vraiment être regardée comme une assemblée des Trois Ordres du Dauphiné.

Considérant que l'un des privilèges les plus précieux des habitants de Dauphiné est de s'assembler pour délibérer sur les affaires publiques; qu'ils en jouissoient avant le transport à la couronne : que les états de la province, qui représentent les Trois Ordres, n'ont cessé d'être convoqués qu'au milieu du siècle dernier.

Que Louis XIII, par un édit de 1628, déclara solemnellement, *que toutes les fois qu'il se présenteroit quelques affaires pressantes pour le bien de son service, ou pour celui de ses sujets, et lorsqu'ils croiroient avoir quelque chose à lui remontrer, pour leur soulagement et le bien public, ils s'assembleroient en corps des Trois Ordres, ainsi que ci-devant ils avoient accoutumé de faire, en le lui faisant auparavant entendre, pour obtenir des lettres de sa permission qu'il leur accorderoit volontiers.*

Que, par le même édit, il laissa le pouvoir à la commission intermédiaire, de *requérir la permission d'assembler* les Trois Ordres ; que cette commission n'existant plus, quoique son extinction n'ait été prononcée par aucune loi, les Trois Ordres n'ont plus de représentants, et ne peuvent plus demander de permission ; puisque pour faire cette demande, et s'assurer du vœu général de la province, ils seroient forcés de s'assembler, comme aujourd'hui, en vertu de leurs privilèges, dont la conservation ne sauroit dépendre de la seule volonté du prince : que maintenant sur-tout, étant privés du secours des représentations du parlement, on ne peut leur inter-

dire le droit de s'assembler, pour veiller au maintien de
leurs priviléges ; qu'ils tien droient ce droit de la nature,
quand même leurs titres et leur possession ne leur assu-
reroient pas......

Que la prospérité de la patrie étant le bien de tous,
lorsqu'elle est dans un danger révident, tous sont tenus
de la secourir......

Qu'une assemblée ne peut être qualifiée d'illicite,
quand elle n'a d'autre but que le salut de l'état, le
soutien du trône et la gloire de Sa Majesté ;

Que les arrêts du conseil, qui viennent d'être publiés,
sans lettres-patentes et sans enregistrement, ne sauroient altérer les priviléges du Dauphiné ; et conséquem-
ment que les assemblées des Trois Ordres de cette province sont légales.

Considérant que les nouveaux édits enregistrés militairement, si leur exécution n'étoit pas impossible,
anéantiroient les priviléges de cette province, soumet-
troient au despotisme des ministres les personnes et les
propriétés, réduiroient les peuples au désespoir, et
pourroient occasionner dans le royaume des troubles
destructeurs ; que la cessation de la justice fait naître
chaque jour de nouveaux désordres ; que les magistrats
du parlement de Dauphiné ont été punis, par l'exil, de
leur attachement aux vrais principes de la monarchie.

Considérant que c'est une loi fondamentale, aussi
ancienne que le royaume, que les François ne peuvent
être imposés sans leur consentement ; que les habitants
de cette province ont, à cet égard, les titres les plus
positifs ; que les états du Dauphiné accordoient les tributs,
et consentoient à l'exécution des nouvelles lois ; mais
que les états généraux pourront seuls indiquer des amé-

liorations dans les revenus, s'opposer avec succès aux déprédations dans le trésor public, s'instruire de la situation des finances, et proportionner les impôts aux besoins réels, doivent seuls en régler la mesure ;

Que les états de la province doivent subir plusieurs changements, pour produire les avantages qu'on a lieu d'en espérer ; mais que les trois ordres seuls ont le droit de les indiquer, puisqu'on ne sauroit innover, sans leur consentement, dans leur ancienne constitution.

Considérant que s'il est de l'intérêt des ministres de semer la division entre les provinces et entre les différentes classes de citoyens, il est au contraire de l'intérêt et de la dignité des trois ordres de cette province de rester constamment unis, et de ne jamais abandonner la cause des autres provinces du royaume, n'étant pas moins intéressés au maintien de la constitution de l'état, qu'à celui de leurs priviléges.

Considérant enfin que les gouvernements furent établis pour protéger la liberté des personnes ; qu'un citoyen ne peut en être privé que lorsqu'il est accusé d'un délit prévu par les lois, et pour être jugé suivant les formes qu'elles prescrivent ; que les lettres de cachet et les ordres arbitraires, en punissant sans constater le délit, sans entendre l'accusé, sans lui laisser les moyens de prouver son innocence, dénaturent le pouvoir souverain, ne peuvent être considérés que comme des actes de violence, des attentats contre la sûreté publique, et qu'on ne sauroit les respecter sans mépriser les lois.

Que c'est un devoir sacré pour les trois ordres, de prendre la défense de ceux que leur zèle pour la patrie a dévoués aux persécutions des ministres, et de ceux qu'ils pourroient opprimer à l'avenir.

Il a été délibéré et arrêté, que les trois ordres protestent expressément contre les nouveaux édits, enregistrés militairement le dix mai dernier au parlement de Grenoble ; déclarent qu'ils ne peuvent lier leur obéissance, parce que leur enregistrement est illégal, et qu'il renverse la constitution du royaume.

Arrêté que de très respectueuses représentations seront adressées à Sa Majesté, pour la supplier de retirer les nouveaux édits, de rétablir le parlement de Dauphiné, et les autres tribunaux, dans toutes les fonctions qui leur étoient auparavant attribuées ; de convoquer les états généraux du royaume ; de convoquer aussi les états particuliers de la province.

Arrêté que les trois ordres tiennent pour infâmes et traîtres à la patrie, tous ceux qui ont accepté, ou qui pourroient accepter, à l'avenir, des fonctions en exécution des nouveaux édits.

Arrêté que les trois ordres de la province, empressés de donner à tous les *François* un exemple d'union et d'attachement à la monarchie, prêts à tous les sacrifices que pourroient exiger la sûreté et la gloire du trône, n'octroyeront les impôts, par dons gratuits, ou autrement, que lorsque leurs représentants en auront délibéré dans les états-généraux du royaume.

Arrêté que, dans les états de la province les députés du tiers-état seront en nombre égal à ceux des premiers ordres réunis ; que toutes les places y seront électives ; et que les corvées seront remplacées par une imposition sur les trois ordres, conformément à la transaction de 1554.

Arrêté que les trois ordres du Dauphiné ne sépareront jamais leur cause de celle des autres provinces ; et qu'en

soutenant leurs droits particuliers, ils n'abandonneront pas ceux de la nation.

Arrêté que Sa Majesté sera suppliée de renvoyer à
leurs fonctions les sieurs de Mayen et Revol, premier et
second consuls de la ville de Grenoble, ainsi que le sieur
de Delay-d'Agier, maire de Romans; et que les trois
ordres ne cesseront jamais d'invoquer la protection de
la loi, du roi et de la nation, en faveur de tous les
citoyens dont on attaquera la liberté par des lettres
de cachet, ou d'autres actes du pouvoir arbitraire.

Arrêté que les tributs étant le prix de la sûreté publique, qui ne peut exister dans l'administration de la
justice, les trois ordres attendent de l'équité du monarque le prompt rétablissement des tribunaux ; et
qu'on s'occupera essentiellement dans la prochaine
assemblée, de ces importants objets.

Arrêté que la lettre que les trois ordres de la ville de
Grenoble avoient eu l'honneur d'écrire au roi, ayant été
renvoyée, afin que la présente délibération, et les représentations qui seront faites en conséquence, ne soient
pas encore soustraites par ceux qui veulent interdire
l'accès du trône à la vérité, il en sera adressé une copie,
par le président et le secrétaire, à leurs altesses royales,
Monsieur, frère du roi, Monseigneur comte d'Artois, et
à son altesse sérénissime Monseigneur le duc d'Orléans,
gouverneur de la province, avec prière de la mettre
sous les yeux de Sa majesté.

Arrêté que l'assemblée des trois ordres de la province
sera prorogée et ajournée par intervalle jusqu'au temps
où les nouveaux édits auront été retirés, et les tribunaux rétablis dans leurs fonctions : en conséquence elle
déclare s'ajourner au 1er septembre prochain, pour dé-

libérer ultérieurement. Toutes les personnes présentes ont promis de se rendre ; et les municipalités ou communautés qui n'ont pas encore choisi de représentants, sont invitées, par la présente, à les nommer pour cette époque.

———

Toutes les résolutions ci dessus ont été prises unanimement, à l'exception de celle qui concerne la liberté des élections, pour toutes les places dans les états de la province ; cet article ayant néanmoins passé à une très-grande majorité, cinquante-neuf personnes seulement ayant opiné pour qu'on différât de délibérer à cet égard, jusqu'au jour indiqué pour la première assemblée.

———

Les représentations arrêtées dans la présente assemblée ont été lues, approuvées et transcrites.

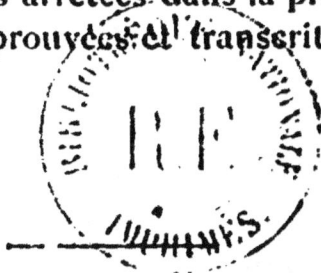

XIV

SIRE,

La félicité des rois étant inséparable de celle de leurs sujets, nous croyons mériter l'approbation de V. M., en nous réunissant pour l'éclairer sur les dangers qui menacent notre patrie. Ceux qui en ont juré la perte ne pourront pas toujours outrager la nation et trahir leur souverain jusqu'à lui dérober la connoissance de nos plaintes. La vérité reprendra ses droits; nos doléances parviendront à V. M.

Les nouveaux édits, transcrits militairement sur les registres des tribunaux, ne peuvent être appelés des lois et ne présentent que l'abus du nom sacré du prince.

Quelle que soit la constitution d'un état, en quelques mains que soit placé l'exercice de la législation, la loi doit être l'expression de la volonté générale. Pour être convaincu de la nécessité d'obéir, il faut avoir senti l'utilité du précepte; s'il est détesté par le peuple, il n'est plus une loi; il ne sauroit lier valablement, il enchaîne tout au plus par la force, dont l'empire n'est jamais ni légitime ni durable.

Si, pour être obéi par des millions d'hommes, il suffisoit au prince de vouloir; s'il n'existoit aucun moyen de l'éclairer sur les inconvénients de ses premières pensées, sa condition et celle de ses sujets seroient également malheureuses; rien ne pourroit le sauver des suites funestes de l'imprudence de ses ministres: et nous serions des esclaves, dont les biens et la liberté seroient à la merci de l'intrigue et de l'ambition.

Il existe des formes, pour assurer la durée et la sagesse des volontés du prince, qui doivent devenir des lois; et, sans ces formes, on ne sauroit en assigner le caractère.

Sire, les limites qui séparent la monarchie du despotisme sont malheureusement faciles à franchir. Le despotisme s'établit quand le monarque emploie, pour faire exécuter ses volontés particulières, les forces publiques, dont il n'a reçu le dépôt que pour faire observer les lois.

Les prédécesseurs de V. M. ont souvent senti que le pouvoir qui n'éprouve aucun obstacle ne sauroit en opposer à l'intrigue. Ils ont souvent défendu d'obéir aux ordres qu'on pourroit leur surprendre. Ils ont détruit d'avance, pour leur avantage et pour celui du peuple, la volonté de l'homme, par celle du législateur.

Le souverain, qui ne veut prononcer que des lois dignes d'être respectées, bien loin de cacher ses projets, les soumet à tous les regards, provoque les discussions, compare les avis, et ne néglige aucun moyen de consulter l'opinion publique. Les nouveaux édits, au contraire, semblables à la foudre, ont été préparés dans le silence, présentés avec fracas, et n'ont laissé d'autres sentiments que celui de la terreur.

Jusqu'à ce jour, on n'avoit pu, du moins, contester aux cours souveraines le droit de vérifier les ordonnances, pour y reconnoître les signes extérieurs des volontés du monarque, et pour lui en représenter les inconvénients, avant de les placer dans le registre des lois. On n'a pas cru que les nouveaux édits pussent résister à cet obstacle. On savoit que la réflexion nuiroit à l'obéissance. Assuré de ne pas persuader, on vouloit seulement contraindre.

Les dispositions des nouveaux édits doivent, bien plus encore que le mépris des formes, enflammer notre zèle, et diriger nos représentations. La France entière les rejette avec horreur, à l'exception de quelques hommes vils qui veulent établir leur fortune sur les ruines de la prospérité publique. Tout un peuple, Sire, ne sauroit se tromper sur ce qui l'intéresse.

Pour refuser les funestes innovations que les ministres s'efforcent ainement de soutenir par la force militaire, il nous suffiroit d'en connoître les motifs. Quand une énorme différence entre les dépenses et les revenus fut annoncée à l'Europe surprise; quand le gouvernement proposa de nouveaux impôts sur un peuple accablé par le poids des anciens, l'excès des maux présents fit trembler pour l'avenir. Les Parlements, revenus d'une longue erreur, en firent généreusement l'aveu: ils declarerent qu'ils n'étoient pas les représentants de la nation; que les impôts ne pouvoient être établis sans son consentement; qu'ils n'avoient pas le droit de le suppléer. Ils demanderent la convocation des états généraux, qui seuls avoient la force nécessaire pour lutter contre le despotisme des ministres, et mettre un terme aux déprédations des finances.

Par cette conduite généreuse, les Parlements sauvoient la France, se réconcilioient tous ceux dont leurs anciennes prétentions avoient choqué les principes, réparoient noblement leurs torts et méritoient la reconnaissance publique.

Ce fut alors, Sire, que les ministres irrités résolurent de priver les Parlements de la vérification des lois, et de la plus grande partie de leur juridiction; d'affaiblir tellement leurs moyens de résistance, qu'ils ne pussent mettre à l'avenir aucun obstacle à l'accroissement des subsides; d'en établir de nouveaux, sans le consentement des états généraux, afin de pouvoir, en se passant de leur secours, mépriser leurs doléances lorsqu'ils seroient convoqués, et retenir la nation dans l'esclavage.

Tels furent donc les motifs qui dictèrent les projets des ministres, la vengeance, la soif des tributs et la passion de la tyrannie. Heureusement ils n'ont pas eu l'art de déguiser le piège, et de chercher, au moins, par quelques dispositions bienfaisantes, à consolider leur despotisme.

Sire, jamais une nation n'eut plus de motifs pour s'indigner du mépris dont on l'accable. Le despotisme asiatique, s'il ne respecte pas les droits des individus, respecte du moins les opinions du peuple. On ne vit jamais les visirs, les armes à la main, bouleverser dans toute l'étendue de l'empire, les usages et les tribunaux; et les ministres de V. M. n'ont pas craint d'entreprendre la destruction de nos antiques corps de magistrature ! Ils n'ont pas craint de surseoir pendant un mois l'exécution des criminels; d'assurer ainsi l'impunité de tous ceux qui auroient des richesses ou de l'intrigue; de se réserver, sur la vie de vos sujets, le même pouvoir qu'ils voudroient usurper sur leurs propriétés!

Ils n'ont pas craint de livrer, à la décision d'un seul tribunal, la fortune du plus grand nombre, sans laisser aucune ressource pour faire réparer les erreurs si fréquentes dans les premières instances !

Ils n'ont pas craint de flétrir le tiers-état, dont l'honneur, la vie et les propriétés ne paroissent plus des objets dignes des cours souveraines, auxquelles on ne réserve que les procès des riches, et les crimes des privilégiés !

Ils n'ont pas craint de multiplier à l'excès le nombre des officiers dans les tribunaux inférieurs; de surcharger le peuple du poids de leur salaire, et de l'augmentation effrayante des frais de justice; suite nécessaire de la destruction des tribunaux des seigneurs, dans lesquels une grande partie de contestations se terminoit presque sans aucun frais !

Ils n'ont pas craint de contraindre la province à continuer le payement de l'imposition mise sur les fonds taillables, pour le remboursement des offices municipaux, tandis que le gouvernement a surexigé pour cet objet 2,387,000 livres; de faire supporter au tiers-état seul, les frais des chemins, contre le vœu connu des deux autres ordres, et les traités les plus solennels; et d'ordonner une prorogation et nouvelle vérification du second vingtième, sans attendre l'expiration de l'abonnement du Dauphiné; sans égard pour l'extrême misère de ses habitants, et pour leur droit incontestable de ne pouvoir être imposés sans leur consentement, droit reconnu solennellement par V. M.!

Ils n'ont pas craint de faire cesser la justice, de mettre

en péril le repos, la fortune et la vie de 24 millions d'hommes; et pour ces entreprises audacieuses, non seulement ils n'ont pas demandé le consentement de la nation, ils n'ont pas même daigné consulter l'opinion publique, ou plutôt ils l'ont bravée !

Quels seront maintenant les lâches qui, pour favoriser les coupables desseins des ministres, oseront, dans les nouveaux tribunaux, s'approprier les dépouilles des défenseurs du peuple ? Quels seront ceux qui voudront usurper les fonctions dont les magistrats du parlement faisoient un si noble usage ? Nos fortunes et nos vies seroient donc à la merci de juges déshonorés, qui profiteroient de leur pouvoir pour se venger du mépris des gens de bien !

Sire, nous ne retracerons pas les autres inconvéniens des nouveaux édits, ils sont assez développés dans les remontrances de vos cours; nous dirons seulement qu'une assemblée provinciale ne peut nous tenir lieu des états de notre province; que le nouvel établissement que les ministres ont osé nommer *rétablissement de la cour plénière*, est contraire aux capitulations des provinces, et aux droits de tous les François.

Comment ont-ils pu croire que la nation laisseroit confier la vérification des lois et l'octroi des impôts à une assemblée d'hommes choisis par ceux qui ont intérêt de tromper V. M ; dont la plupart n'appercevroient, dans la résistance, que du danger pour eux, sans espoir de succès; que l'on pourroit gagner par des récompenses, ou rebuter par des disgrâces; qui seroient éloignés ou changés à volonté, et ne trouveroient d'autre moyen de plaire, qu'en se montrant rivaux dans l'art de flatter le prince et ses ministres ?

Sire, la province de Dauphiné, en rappelant les droits de la France entière, ne doit pas oublier ceux qui lui sont particuliers.

Le dauphin Humbert, en cédant ses états à la maison de France, stipula formellement la conservation de leurs privilèges. Dans un statut solennel, contenant la déclaration des franchises de la province, il avoit aboli toutes les redevances créées depuis la mort de son aïeul; il avoit décidé qu'à l'avenir, il n'en scroit point établi de nouvelles; que les habitants du Dauphiné ne seroient soumis à aucune servitude personnelle envers lui ni ses successeurs, ni à leur payer aucune taille, si ce n'étoit pour l'utilité des lieux de leur habitation. Il créa, à perpétuité, le tribunal des appellations du Dauphiné dans la ville de Grenoble; déclara qu'il ne pourroit jamais être transféré dans un autre lieu; enfin, après l'énonciation de plusieurs autres privilèges, qu'il est inutile de rappeler, il ordonna qu'avant d'exiger les hommages de leurs vassaux et les serments de fidélité, ses successeurs jureroient, entre les mains de l'évêque de Grenoble, d'observer inviolablement toutes les libertés et les franchises de la province; il dispensa les sujets de l'obéissance envers ceux de ses successeurs qui refuseroient de jurer.

Après la cession du Dauphiné, quand les rois de France voulurent obtenir des subsides, ils convoquèrent, à l'exemple des Dauphins, les trois ordres de la province; ceux-ci jouirent constamment du droit d'octroyer librement l'impôt, jusqu'au milieu du siècle dernier.

Nous ne rappellerons pas, Sire, les titres solennels, les témoignages authentiques de vos prédécesseurs, qui confirment les privilèges des Dauphinois ; mais nous

devons répéter ce que disoit un membre du tiers-état,
à Henri le Grand : « Ne vous offensez pas, Sire, de ce
« qu'on ose dire librement en présence de V. M., que la
« province de Dauphiné ne lui doit aucune taille ; car la
« vérité est telle ; V. M. le tient à cette condition ; et
« cette clause est une partie de votre titre, laquelle ne
« peut s'effacer sans mettre le tout au néant. Tous vos
« prédécesseurs l'ont ainsi déclaré, ont juré de l'ob-
« server, et ainsi l'ont fait (1) ».

En parlant de nos privilèges, nous sommes bien
éloignés de vouloir abandonner les intérêts des autres
François. Toutes les provinces ont des chartes qui les
affranchissent des impôts arbitraires, et quand elles
n'en auroient pas, elles ne devroient pas moins en
être exemptes. Ni le temps ni les lieux ne peuvent
légitimer le despotisme; les droits des hommes déri-
vent de la nature seule, et sont indépendants de leurs
conventions.

Nous faisons gloire d'être François et de remplir tous
les devoirs attachés à ce titre : nous sommes prêts à
donner, pour le soutien du trône, nos fortunes et nos
vies; mais nous voulons les sacrifier et non pas les laisser ravir.

Sire, daignez écouter les représentations de vos
fideles sujets; ils défendent leurs droits, qui sont plus
précieux que leur vie; ces droits ont avec ceux de V.
Majesté, une relation si nécessaire, qu'on ne sauroit
attaquer les leurs sans exposer les vôtres.

Les auteurs des nouveaux édits auroient dû prévoir
que la force seroit impuissante contre l'opinion pu-

(1) Chorier, *Etat politique du Dauphiné*. Tome III, p. 656.

blique d'une nation qui chérit l'honneur, que les militaires françois ne consentiroient jamais à flétrir leurs lauriers en employant leurs armes contre leurs amis et leurs frères.

Nous avons vu, dans la capitale de notre province, des guerriers généreux épargner, au péril de leur vie, celle de nos concitoyens. En voulant sauver notre patrie, pourrions-nous craindre ses défenseurs ?

Sire, malgré l'appareil de la guerre, que vos ministres déploient vainement pour nous effrayer, ils sont depuis longtemps convaincus de l'impossibilité d'accomplir leurs projets; c'est leur propre sûreté qu'ils défendent aujourd'hui; c'est pour leur propre sûreté qu'ils ont déjà fait couler le sang de vos sujets.

La cour plénière ne se formera jamais; les prélats, les premiers gentilshommes du royaume, les Magistrats des cours souveraines, seront trop fidèles à l'honneur, pour vouloir en être membres. Quel a donc été jusqu'ici le fruit des efforts et des intrigues des ministres ? Un petit nombre d'hommes méprisés, en prenant place dans les nouveaux tribunaux, n'ont fait que compléter l'infamie.

Sire, nous supplions V. M. de retirer les nouveaux édits, de rétablir les tribunaux dans leurs fonctions, et de rappeler les magistrats du Parlement de Grenoble, qui, en résistant à vos ministres, ont mérité des éloges, et non pas votre disgrâce.

Nous la supplions de convoquer incessamment les états généraux, et ceux de notre province.

C'est dans les états généraux du royaume, Sire, que vos sujets de Dauphiné s'empresseront de donner l'exemple à leurs compatriotes, de l'amour et de la fidélité. Avec le dévouement des anciens François dans les assemblées nationales, ils offriront *corps et biens* à Votre Majesté.

Les créanciers de l'état ne sauroient espérer qu'en la loyauté françoise; et leur espoir ne sera point trompé. Nous désirons de mettre un terme aux prodigalités des ministres; mais ce que pourront exiger la dignité de la nation, la gloire de votre règne, l'éclat du trône, vos fideles sujets ne le refuseront jamais. Quel que soit l'excès du besoin, il sera toujours surpassé par celui de leur zèle.

Nous supplions encore V. M. de renvoyer à leurs fonctions le premier et le second consuls de la ville de Grenoble, mandés à la suite de votre cour ; de rendre la liberté au maire de Romans, arraché du sein de sa famille. C'est le devoir qui nous porte à nous plaindre de l'attentat commis en leurs personnes, et non la crainte d'éprouver leur sort.

Il n'est point de maux que nous ne soyons prêts à supporter avec courage, pour l'intérêt de notre patrie. Il n'est pas au pouvoir des ministres de priver le citoyen qu'ils oppriment, des douces jouissances inséparables de l'intime conviction de son innocence, de l'estime des gens de bien et de l'honneur de souffrir pour eux.

Malgré les motifs de consolation qui peuvent adoucir la captivité du sieur de Delay, maire de Romans, nous trahirions la cause publique si nous ne représentions pas à V. M. le danger et l'injustice des ordres arbitraires Quel crime pourroient lui reprocher les ministres de V. M. ? Le discours de ce vertueux citoyen, dans l'assemblée des trois ordres de la ville de Romans, ne respire que le zèle et la fidélité.

Sire, vos ministres veulent anéantir la monarchie. Le patriotisme leur résiste. Ils le combattent par des lettres-de-cachet ; elles sont ainsi devenues le supplice de la vertu ; et il est honorable de les mériter. Mais les trois ordres de la province ne peuvent consentir qu'il existe des peines contre les gens de bien ; et V. M. abandonnera, sans doute, cette triste prérogative du despotisme. Un monarque doit être le père de ses sujets, le protecteur des lois, et non le maître absolu de leurs personnes.

Sire, des arrêts du conseil annoncent la convocation prochaine des états-généraux du royaume. Nous devons une entière confiance à la parole sacrée de V. M. ; mais si les promesses de vos ministres étoient sincères, pourquoi ne hâteroient-ils pas de rétablir l'ordre ancien ? Pourquoi ne laisseroient-ils pas aux états-généraux le soin de décider sur les changements qui peuvent être nécessaires ? Quand on veut convoquer les assemblées d'une nation, pour délibérer sur les intérêts, on ne change pas, sans la consulter, ses lois, ses usages, ses tribunaux ; on ne s'efforce pas de répandre la terreur et d'enchaîner les suffrages. Quand on veut rendre un peuple libre on ne commence pas par lui ravir le peu de liberté dont il jouit ; on ne renverse pas toutes les barrières qui garantissent du despotisme les personnes et les propriétés.

Sire, nous n'avons jamais douté de l'amour de V. M. pour son peuple, mais nous continuerons de croire que vos ministres lui déguisent la vérité, qu'ils veulent nous rendre esclaves, et qu'ils craignent les états-généraux dont ils affectent de parler sans cesse, tant que nous serons environnés de troupes armées, que nous verrons nos magistrats dispersés, nos citoyens enlevés dans leur domicile, et nos privilèges violés.

Si de nouveaux motifs pouvoient augmenter notre dévouement et notre zèle pour les intérêts de V. M., ce seroit la connoissance des moyens employés pour surprendre sa justice. Les ministres ont osé lui dire que leurs odieux projets feroient le bonheur de la nation. Cette promesse a séduit votre cœur. Telle est donc la triste condition des rois, qu'on peut faire servir à la ruine de leurs peuples, jusqu'à l'amour qu'ils ont pour eux !

Nous sommes avec un très profond respect,

Sire,

De Votre Majesté,

Les très humbles, très obéissants, très fidèles sujets et serviteurs.

Et ont signé.

———

Les citoyens du Tiers-Etat de Grenoble, qui n'ont pas opiné, ayant entendu la lecture de la délibération et des représentations ci-dessus, ont déclaré y adhérer, et les ont signées ainsi que tous les autres membres de l'assemblée, sans observation de préséance dans chaque ordre.

Suivent les signatures.

———

Ensuite il a été unanimement résolu que M. le Président seroit prié d'exprimer à M. Périer, seigneur du marquisat de Vizille, combien tous les membres de l'assemblée sont sensibles au nouveau témoignage de zèle qu'il vient de donner à sa patrie, par la manière dont il a accueilli ses concitoyens.

MM. du Clergé et de la Noblesse ont été complimentés par un des MM. du tiers-état, au nom de son ordre, sur la loyauté avec laquelle, oubliant d'anciennes prétentions, ils se sont empressés de lui rendre justice, et sur leur zèle pour maintenir l'union entre les ordres.

M. le comte de Morges, président, a répondu pour le Clergé et la Noblesse, que le désir de contribuer au bonheur de leurs concitoyens dicteroit toujours leurs résolutions, et qu'ils seroient toujours prêts à s'unir avec eux pour s'occuper du salut de la patrie.

Fait dans le Château de Vizille, sur les trois heures du matin, le vingt-deux juillet mil sept cent quatre-vingt-huit.

Signé, le Comte DE MORGES, *Président.*

MOUNIER, *Secrétaire.*

TABLE

Imprimerie BREYNAT & Cie. — Grenoble.

www.ingramcontent.com/pod-product-compliance
Lightning Source LLC
Chambersburg PA
CBHW051732090426
42738CB00010B/2219